甲子園だけが高校野球ではない

ぼくは泣かない

監修
岩崎 夏海
Natsumi Iwasaki

廣済堂出版

はじめに「当たり前が当たり前ではなくなった時代の高校野球」

今、変化の激しい時代である。社会の価値観が、大きく移り変わっている。これまでの常識が、もはや常識ではなくなった。

たとえば、少し前までは会社に就職したら、定年まで勤め上げるのが当たり前だった。しかし今や、転職することが普通になった。サラリーマンになる人の割合も、どんどんと減り続けている。

そうした変化は、教育の現場でも起こっている。昔は、偏差値の高い学校に行くというのがほとんど唯一の価値観だった。高校野球だったら、甲子園に行って優勝し、プロ野球選手になるというのが野球少年のほとんど唯一の目標だった。

しかし今は、偏差値の高い学校に行くことだけが唯一の価値観ではなくなっている。むしろ学校には行かず、違う生き方を模索する人が増えている。野球でも、必ずしも甲子園に出てプロ野球へ行くだけが道ではない——と考える人が増えている。

そういう「当たり前が当たり前ではなくなった時代」に、我々は生きている。だから、昔の価値観のままでいると少なからず問題となる。高校野球に携わる人のなかにも、そのことに直面している人は少なくないはずだ。

たとえば、昔の高校野球では鉄拳制裁が当たり前だった。指導者が部員を殴ることや上級生が下級生を殴ることは日常茶飯事だった。

しかし今や、それは通用しない。指導者や上級生がだれかを殴れば、即出場停止だ。実際、それで出場停止になった高校もある。そのなかには、甲子園に何度も出場したことのある名門校さえ含まれている。

このことからもわかるように、時代は大きく変わった。この本のなかに出てくる人たちも、そういう時代の変化に戸惑っている人たちが多い。価値観の移り変わりに直面し、どう対処すればいいかわからず右往左往している。

しかし、そこで気づかされたことがあった。それは、そういう時代の変化に戸惑い、価値観の移り変わりに直面しながらも、そのことに柔軟に対応している人たちが少しずつ現れはじめている——ということだ。それも、高校野球を運営したり指導したりしている大人たちではなく、むしろ現場に否応なく放り込まれた子どもたちのなかから、その問題を「しなやか」に、しかし「したたか」に解決する人々が、徐々にではあるが現れはじめているのである。

たとえば、甲子園のグラウンドに女子マネージャーが立っていいのかどうか、ということが話題になったことがあった。最初、それは禁止されていたが、しかし世間の後押しもあって認められるようになった。

そういうふうに、変革は上からではなく、むしろ下から起こるのである。混乱する現場に直面した若い人たちの間から、自然発生的にわき起こるのだ。

この本は、そんな混乱する現場で戦ってきた若い人たちの、努力と工夫の記録でもある。そうした彼らの営みは、必ずや高校野球のあり方を変えていくだろう。ちょうど、一人の女子マネージャーの営みが、甲子園のルールを変えたように。

その意味で、この本には高校野球の未来が詰まっている。この本に出てくるような人たちが、これからの高校野球を形づくっていくのだ。時代の変化によってもたらされた混乱のなかから、新しい価値観を育《はぐく》んでいくのである。

岩崎夏海

目次

Contents

Story 1

ぼくは泣かない

――震災に遭ったけど、ぼくは泣かない……その理由は

家の目の前には、海がありました。部屋の窓のカーテンを開けると、海辺が一面に広がり、いつも潮の香りがしていました。荒れているときもあれば、波の音が聞こえるか聞こえないかの静かなときもあって、海も生きているんだな～なんて思いながら、昼も夜も波の音を聞いて過ごしていました。

そんな家に生まれたぼくは、小さいころからその浜辺で野球をして遊んでいました。五つ上と三つ上の兄が野球をしていて、父が休みの日には家族で野球。父がボールを投げて、お兄ちゃんたちが打って、ぼくも打って。打ったボールが海に入ってしまうと、だれが先にボールを見つけるか競争しました。お母さんも球拾いをしてくれたり、先に家に帰ってご飯をつくってくれたりして、なつかしい思い出です。

小学生になって、兄といっしょの野球チームに入りました。お父さんたちと浜辺で野球をして遊ぶのは好きだけど、正直、野球自体はとくに好きではなくて……。ただ、仲のいい友だちが野球チームに入っていて、そいつらと遊べるのが楽しいから行っている感じ。そんなんだったので、全然うまくなんてなりませんでした（笑）。

興味があったのはボクシング！『ドラゴンボール』を見て格闘系にあこがれてボクサーになりたくて、お父さんに「誕生日とクリスマスプレゼント、両方いっしょでいいから買って！」と、三万円ぐらいするサンドバッグとボクシンググローブを買ってもらいました。それを毎日、バンバンパンチするのがすごく楽しかったんです。

それでも野球はなんとなく続けていて、そのうち、チーム事情や体格でぼくはキャッチャーになりました。お古のキャッチャーミットをはめて、ピッチャーの球を受けて……それもそこまでは楽しくなくて……。

あれは小学五年生の終わりごろの金曜日。その日は、授業が午前中で終わって給食を食べたら家に帰るはずだったのですが、先生が突然、算数の豆テストをやるぞといい出したんです。みんな、「えーーー」って。そして、テストをやっていて。

そのとき、教室の水槽の水がゆらゆらしはじめて。みんなで「ゆれてね？」「地震じゃね？」と。そこから今まで経験したことのない大きさのゆれが来て。ぼくらは最初、机の下に隠れたけれど、危険ということで校庭に逃げました。そしたら今度は、「津波が来るぞ！」「山のほうに逃げるぞ！」といわれたんです。

ぼくらは〝津波〟という言葉の意味がわからなかったのですが、先生たちの指示にしたがって、山の上にある中学校まで逃げました。中学校の校舎につき、ふと家族のことが心配になったけど、いちばん上の高校生のお兄ちゃんもここに避難してきていて、家族はみんな無事だと聞きました。ホッとしたものの、知り合いが何人か行方不明になっていると聞いて、胸がずっとザワザワしていました。

その後、原発が爆発するといわれ、イトコの家族もいっしょに神奈川のおばあちゃんの妹の家に避難しました。テレビをつけると、どこのチャンネルにしても東北の海辺の惨状《さんじょう》が映し出されてみんな暗くなっちゃって。でも、ほかにやることがなくて、借りたグローブをもって、お兄ちゃんや、イトコのお兄ちゃんとキャッチボール。

その時間だけが、つらいことも忘れられて楽しかったかな。

震災から約一カ月後、ぼくらは家に帰りました。でも帰ったというより、見に行ったって感じ。家とはいえない姿になってしまったわが家を見て、言葉も出なかった。

ぼくのものが何か見つからないかと必死で探したけれど、お父さんに買ってもらったサンドバッグも、野球のグローブも、バットも、何も見つけることはできませんでした。唯一、野球の大会で着ていた背番号付きのユニフォームを見つけたときは本当にうれしかったです。

でも、もう野球なんてできないだろうというとき、チームの方から「東京から野球道具を支援してくださる方が○日に来る」と聞きました。自衛隊の宿舎として使われていたスタジアムの入り口のところに行くと、いっぱいの道具がおいてあってほしいものをくださると。ぼくが「キャッチャーミットがほしいです」といったら、なんと、新しいキャッチャーミットをくださったんです。いつもお兄ちゃんのおさがりを使っていたので、「これが新しいグローブか〜」と感動しました。

くださったのは、福島・いわき市出身で東京在住の方。「出身地のいわきで大変な思いをしている野球少年たちのためになんとかしたい。彼らに野球を続けてほしいので協力してほしい」とみんなに呼びかけ、その集まった寄付金で新品のグローブやスパイク、バットなどを買って、運んできてくださったそう。

グローブをもらえるとしても中古だろうと思っていたので、「『野球を続けられるか不安に思ってる少年たちだからこそ、新しいグローブをあげて元気を出してほしい』と思って新品を用意してきました」というその方のその気持ち、また、それに賛同して支援してくださった方の気持ちに、すごく感激してしまいました。

そして、このキャッチャーミットをもらった以上、今後、中途半端な気持ちで野球はやれないと思ったんです。

支援してくださった方々を裏切れない。

ちゃんとやろう！

そこから野球に対する気持ちが大きく変わりました。

今までと違って、自分から練習に行くようになったし、素振りもするようになったし、中学生になるときも、学校の野球部よりも本格的に野球をやろうと、イトコのお兄ちゃんも入っていたボーイズリーグに入りました。

そのボーイズの練習場も、津波によってがれき置き場になってしまい、チームは練習場を転々としました。いつも親に送迎してもらわないといけなくて、でも、父も母も何もいわずに送迎してくれたおかげで、野球に打ち込むことができました。

遠征費や道具代もかかったけど、いつも出してくれるし、忙しいなか、弁当もつくってくれ、チームのお当番もしてくれてた。自分たちの家がなくて雇用促進住宅を借りて住む苦しい生活のなかで、親がこんなに協力してくれたことが、ぼくは本当にありがたくうれしかったです。

二年秋からはチームのキャプテンにもなり、三年の春と夏には全国大会にも出場することができました。でも、春夏とも初戦敗退。それがくやしくてくやしくて。

高校でももっともっと真剣に野球をやりたい、あこがれていたイトコのお兄ちゃんが行っていた県外の強豪高校で勝負したい気持ちが強くなっていきました。

両親に相談したら、「自分で決めたならがんばれ！　応援するから」とこころよく行かせてくれました。

家が大変なのに、送り出してくれた両親のためにもやるしかない！

福島から岩手に旅立ちました。


強い決意のもとはじまった高校野球。強豪なだけに、すごい選手たちがいっぱいいるのは想像していたけど、行ってみたら、ほんとにすごいメンバーで。でも、そこにひるんでばかりではダメ。先輩たちのいいところを参考にしながら、自分もちゃんと試合に出て活躍したい。そう思って必死に練習しました。

代打で使ってもらえることもあったものの、スタメンではなかなか出られなくて。同じ学年には下級生から試合に出ている人もいるのに、ぼくはどうしてダメなんだろうとか、どうしたらもっとよくなれるんだろうとか、すごく悩んだりもしました。

悩みながらの高校野球生活だったけど、決めていたことがあります。

それは、どんなに苦しくても、イヤな顔、暗い顔、つらい顔をするのはやめようということです。泣くこともしない。どんなにつらくても、くやしくても、泣かない。

それも決めていました。

これ、今まで人にいったことがないのですが、理由は、あの震災にあります。小五の終わりに震災に遭って、小学六年のほぼ一年間、ぼくは、避難所で生活している人などまわりの人たちの悲痛すぎる顔をいっぱい見てきました。みんな悲しい顔、苦しい顔、泣いている人もいっぱいいいて、ぼくは心が痛くて苦しくて、ほんとに無理で。

その姿が忘れられなくて、中学にあがるときぐらいかな、せめてぼくだけは、まわりの人に苦しい顔、悲しい顔は見せないようにしよう！　どんなことがあっても泣かずに笑っていよう！　元気を出していよう！　と決めたんです。

ぼくが元気いっぱいでいたら、まわりの人たちも元気になってくれるかもしれないし、笑顔になってくれるかもしれない。みんなが楽しいと思ってくれたらうれしいし、つらいことだって吹き飛んだらもっとうれしい！　つくり笑いだとしても、笑っていようと。

小学生までは、自分の感情を出しまくって、平気でイヤな顔をしたり、怒ったり、つらい顔をしたりしまくっていたけれど、ぼくは変わりました。変わったというか、そうしなくちゃと思ってしまったのかもしれません。


もともとぼくは声が大きいし、通るから、中学時代も笑顔と大きな声でチームを盛り上げてきました。

高校では、最初こそ、自分が試合に出て活躍することも考えちゃっていたけれど、途中からは、何より優先すべきはチームのことだと思うようになりました。チームが勝つために自分ができることを考えて、それを徹底的にやる。

元気がないヤツがいたらハッパをかけるとか、ベンチが暗くなっていたら声で盛り上げるとか、試合に負けていて悪い雰囲気になっていたらさらに声を出して明るい雰囲気にしていくとか。そういうことは自分にしかできないことで、空気を変えられなくて負けたりしたら、それはぼくのせいだ、ぐらいに思ってやっていました。

そんななか、ひとつ上の先輩たちの代で夏の甲子園に出場することができ、ベスト16入りを果たしました。ぼくはスタンドから思いっきり応援。そこで日本一にはなれませんでした。だから、自分たちが先輩のぶんまで優勝するんだ！

そして自分たちの代。ぼくは試合に出させてもらっていたけど、結果はあまり出ず。でも、チームのために、相変わらず練習でも試合のときでも明るく大きな声を出し続けていました。ぼくらは東北大会で準優勝、春の選抜甲子園出場を決めたんです。

センバツも近づいたメンバー発表の日。ぼくはなんと、背番号3番のときに名前を呼ばれました！　ベンチ入りをして甲子園の土を踏むことが、両親や、これまで支えてくれた人たちに報いることだと思っていたのですが、実際、プレイヤーとしてチームに貢献できていたわけではないので、この背番号はおどろきました。

きっと、監督さんが、ぼくの「声」を買ってくれたんだと思います。

ありがたいし、チームのためにやるしかない！

ベンチに入って初の甲子園、初戦はサヨナラ勝ち。ぼくは声で盛り上げるだけでしたが、チームが勝てばいいんです。二回戦では前年度優勝校と対戦し、快勝！ぼくも試合に出られましたが結果は出ず。でも、チームを盛り上げることができたのでヨシ！　けれど、三回戦、優勝候補の強豪校に敗れ、ぼくらの春が終わりました。

それから夏までの間も、代打や守備固めなどで出る機会はあったけど、レギュラーといえるほどにはなれなくて。でも、わがままはいっていられない。どんな形であってもチームのためになることをやろう。まわりから支えてもらって野球ができること自体が幸せなんだから、と考えるようになりました。

夏のメンバー発表。ぼくは、また背番号3をもらいました。これは、いつもファーストで試合に出ている選手が、背番号3だとプレッシャーを感じて力を発揮できないので、そっちを背番号13にして、声が出る元気印のぼくを3にしたという監督さんの配慮なのだと思います。でもやっぱり、ベンチに入れない選手が大勢いるなか、ベンチに入れてもらえることが本当にありがたい。

迎えた夏の県大会、ぼくはスタメンで出たり代打で出たり。ぼくのいちばんの役割はベンチで声を出して、チームの雰囲気が落ちたりしたときに盛り上げることだとはっきりわかっていました。とくに、夏の大会は、優勝候補校ですら、少しのことで流れが変わってそのまま相手にやられてしまうこともあるからです。だから、どんなときでも、ぼくは声を切らさず、ベンチで声を出して盛り上げ続けました。

そして見事、優勝して春夏連続甲子園出場。

甲子園で全部勝って日本一になろう、とみんなで気持ちをひとつにしました。

夏の初戦相手は前年度優勝校、だけど、みんなの力で勝利。ぼくも、守備のときはベンチから、攻撃のときは三塁コーチャーボックスから声を出しまくりました。

二回戦。六回まで二対一と一点リードしているけど、終盤この点差では苦しいぞっていう状況。そんななか、七回表、三塁コーチャーをしていたぼくは「代打でいくぞ」といわれ、ベンチに戻りました。ぼくは、大事なエースに代わっての代打。なんとしてでも塁に出なければ。必死でくらいついていった打球は、当たりは悪いけど、一心不乱に走ったら内野安打になって出塁することができました！

代走が出され、ぼくはまた三塁コーチャーズボックスへ。その後、エンドランがかかった場面でバッターがライト線にヒットを打ち、ぼくは、三塁コーチャーズボックスで手をぐるぐる回し、ぼくの代走で出た選手が生還。貴重な追加点を取ることができたんです。

その後、監督インタビューで、なんと、監督さんは自分のことを話してくださったそうです。「あの大事な場面でいい働きをしてくれた」「いつも声でチームを盛り上げてくれ、チームになくてはならない存在だ」というようなことを。

それしかできていないのに、名前を出してほめてくださったことがうれしくてうれしくて、涙が出そうになりました。泣かないけれど（笑）。

三回戦は、一点負けていて最終回となりました。そしたら、その回の先頭打者で主力の選手が同点ホームラン！　ぼくはその後、代打で出してもらいながら、三振。でも、仲間が打ってくれなかったら回ってこなかったし、打席に立てることが喜びで、感謝しかなくて、甲子園の打席で涙が出そうになりました。

延長の末に試合を制したぼくらは、チーム史上初のベスト8入りを果たしました。次の準々決勝で、ぼくらの戦いは終わってしまい、くやしかったけど……でも、この仲間で、あれだけの戦いができたんだから、よかったなと思っています。

震災で被災した経験がある球児、ということで、取材していただける機会も多々ありました。決まってこういいました。

「もう野球はできないと思ったとき、新品のキャッチャーミットをいただきました。そのとき、もう一回野球がやれるって思えました。同時に、支援してくださったみなさんの恩に報いるためにも中途半端にはできない、野球を真剣にやろう、そう思えました。震災があったからこそ今があるんです」と。

甲子園に出たことによって、ぼくの声が、ぼくの感謝の気持ちが、ぼくたちを支援してくれた方々に届いていたとしたら、それもまたうれしい。


大学でも野球を続けることを決めました。

今までさんざん親にお金をかけてもらったので、大学には行かないことも一時考えましたが、やっぱりぼくはまだ野球をやりきってはいません。チームを盛り上げることに関してはがんばったけれど、まだ野球自体をやりきった感じがしないから。

両親は、高校野球引退後、「あなたの応援でいろんなところに行けたのがすごく楽しかった。あちこち観光もできたしね!」といってくれました。震災後の六年間、家は本当に苦しかったけど、でも、野球の応援に来てくれてる両親の顔は笑顔でいっぱいだったから、これからも、その笑顔をもう少し見たいというのもあります。

とはいえ、これ以上、親に経済的負担はかけたくないので、監督さんに「ぼくを少しでも条件をつけてとってくれる大学があったら教えてください」と伝えたところ、ある地方の大学から誘っていただくことができました。その大学は、偶然にも、海がある町にあります。ぼくがそこに行くのは、縁かなと思いました。

海はあんなことも起こすけど、やっぱり海が好きです。何かあったら、また海に行って、波の音を聞きながら、いろいろ考えてみようと思っています。そして、大学四年間、めいっぱい野球をして、今度は神宮球場をめざしてがんばっていくとともに、教員免許やトレーナーの資格をとることも目標にしていきたいです。

ぼくにお金を使いすぎてしまったこともあって、「家を建てたいね」といいながら、今もまだ雇用促進住宅に住んでるぼくら家族。正月には必ず家族であの家があった場所の浜辺に行って初日の出を見ています。みんな、海を恨んだりはしていません。ただ、昔、みんなで浜辺で野球をしたり、夏には花火をしたり、そんなことを思い出しているだけ。波の音はすごくなつかしい気持ちにさせてくれるし、心も落ち着きます。だから、またみんなで海の近くに住みたいねといっています。

ぼくらが住んでいた家のあたりは、危険区域になっていて、今後は防風林にするための木を植えていくそうです。その一帯も少しずつ復興に向かっていますが、失ったものは戻ってこないし、心の傷はなかなか癒えません。まわりのみんなも、何かを背負いながら生きています。ぼくもそうかもしれません。

でも、あの震災によって人のあたたかさに気づかせてもらったし、なにより、野球という大事なものと向き合うことができたし本気にもなれ、ぼくの人生や価値観も変わりました。

これから、もし野球を教える立場になったりしたら、選手たちに震災のときのことを話したり、あのときみんながどうやって乗り越えてきたかとか、ぼくらにしかわからないことを、伝えていけたらいいいな。

そうなれるよう……大好きな海ぐらい大きな男になれるよう、新しい土地でがんばっていこうと思います。

このお話を読んで、ぼくは失礼ながらこう思ってしまった。

「泣きたいときは、泣いてもいい」

だけど、すぐに考え直した。

「きっと、そんなことは百も承知なのだろう。それでもなお、泣かないと決めているのだ」

震災は、多くの人に、深い悲しみをもたらした。それは、とりわけ子どもたちにとって、大きかったと思う。そんな彼らに、ぼくはかけるべき言葉を持たない。がんばっている彼らに、これ以上「がんばれ」と声をかけるのは、あまりにも酷だと思う。

それでも、ひとつだけいえることがあるとすれば、その悲しみを成長の糧にすることこそが、本当の救いになる――ということだ。それこそが、本当の意味での癒しなのだ。

だから、ぼくはやっぱりこう声をかけたい。

「がんばれ」

Story 2

ベンチ入りしたい

――小さいころからの夢をかなえるために兵庫から東北へ行くが……

甲子園球場からさほど遠くないところで生まれ育ったぼくは、小さいころから野球をしていました。

「高校生になったら、絶対、あの甲子園で野球をする！」と夢を抱いていました。

中学二年生のとき、夏の甲子園のテレビを見るうちに、とても心惹《ひ》かれた高校がありました。それは東北の高校で、テレビの画面からも、選手みんなの「勝ちたい！」という気持ちが伝わってきて、すごくいいなって。

中三になり進路を決めるにあたり、チームの監督さんにそれをいってみたら、「そこに行って見学してみるか？」と。「行きたいです！」と即答。

それから数日後、監督さんとその高校の練習を見に行くと、一気にその場の空気に引き込まれました。雰囲気がとてもよくて、選手のみなさんの野球に対する取り組み方がすごく前向きに感じられて。

自分もこの野球部の一員として、甲子園に出て全国制覇をしたい！

兵庫から東北へ。距離があって遠いし、親と離れるのはイヤだな、とは思ったけれど、自分の夢はかなえたい。何がなんでも行く！　でも、たいして力もないぼくが、甲子園に毎年のように出てくる高校に行きたいといったら、両親に反対されるやろな。

最初にお父さんに話してみたら、「そんなに行きたいんか」と渋い顔をした後、「自分の夢をかなえるなら一生懸命応援するから行ってもいいぞ」と。でも、お母さんに話したら、理由はいわず、「ダメ」と即答。首を横にふるばかり。

お父さんによると、「自分のことを何もできないのに寮生活なんてできるわけがない」「そんな強い高校に行っても試合に出られず終わってしまうかも」と。また、寮に入るにしても関西圏内の高校なら、病気やケガをしたときでもすぐかけつけられるけど、東北だとそうそう簡単に行けないからと心配してるんだ、と聞きました。

だけど反対されても、成長できる高校に行きたい。そう思っていたので、お母さんと顔を合わせるたびに、「行きたいなぁ」「行きたいなぁ」とつぶやいてました。でも、お母さんは「ダメ」の一点張り。

そのうち、お母さんにその話をしようとすると、目に涙をためるようになってしまって、ふと見ると、泣いていたりしました。ぼくとしゃべるともっと泣いてしまうからか、ぼくにしゃべりかけなくなって。ぼくからも話しづらくなってしまいました。

でも、チームの監督さんに「この日までに決めないと」といわれていた日、もう一回お母さんにいったら、泣きながら「わかったよ。行きなさい」と。

ぼくは、お母さんがすごく苦しみ、心配しながらそういってくれたのがわかっていたので、改めて覚悟を決めました。甲子園常連だし、すごい選手が集まる高校だからレギュラーを取るのは本当に難しいとは思います。でも、まずはそれをめざす。

そして、もしそれができなくても、選手として自分なりの色を出して、三年間しっかりやり通す、そういう覚悟です。

だから、練習も今まで以上にするようになったし、寮生活に備えて、洗濯など自分のことは自分でやるようになりました。

お母さんは、許してくれたものの、心配でたまらないのか、ぼくが遠くに行くのがさびしいのか、それからもいつも泣いていて。高校の話をするとすぐ泣いてしまうので、その話は一切しなくなりました。それは、入寮する日までずっと続きました。

三月下旬になり、ついに入寮の日が来ました。その日は友だちも見送りに来てくれ、家を出るときは、お母さんだけじゃなく、いつも明るいお父さんまでも泣いてしまって。ぼくも涙が出てきてしまいました。覚悟は決まっているけれど、やっぱ住み慣れた土地を離れるのはつらいし、友だちと会えなくなるのもさびしい。

でも、みんなにいい報告ができるよう、がんばろうと自分にいい聞かせました。

布団や野球道具などを車に積んで、友だちに見送られるなか、家を出発。十数時間の長い道のりを、お父さんが運転し、ぼくが助手席に座り、後部座席にお母さん。最初はたわいもない話をしていたけれど、だんだんみんな無口になっていき、東北道に入ったころには、お母さんが泣いているのがわかりました。後ろをふり向くことも、話しかけることもできませんでした。

寮につき、いろいろ終わった後に三人で食事。そして、寮に送ってもらって、いよいよお別れというとき、雰囲気が重くならないよう、軽い感じで「しっかりやってきまーす！」といったのですが、お母さんはしゃべれないぐらいまで泣いちゃって。ぼくも泣きそうだったから、それを見られたくなくて、手をふって別れ、寮の部屋に戻りました。

部屋に入ったらやっぱりさびしくて涙が出てきて。でもその後、お父さんからは「応援するからがんばれ」、お母さんからは「つらいと思うけど、自分がそこに行きたいっていったんだから、最後までがんばりなさい」とメールが。短いものだったけど、やる気が出た。

両親を絶対に裏切りたくない。

中途半端にやりたくない。

やれることは何でもやってしがみついていこう。

翌日から早速練習がはじまったのですが、レベルが中学までとは違いすぎて。まず、体格が違います。身長一七一センチのぼくはとても小柄で細い。みんな守備もうまいし、遠くに飛ばす力もすごいけど、ぼくは投げる力がないし、パワーもない、足も遅い。すべてが違いすぎて、何ひとつ、「いけそう」な要素がない。

ほんとにここでやっていけるのか一気に不安になりました。でも、ふと思い出すのはお母さんの泣いている姿。あれを思い出したら、へこたれてなんていられない。

まだ入ったばかりだから努力していけばなんとかなる!

自分で自分にしっかりやっていこう、といい聞かせてがんばるようになりました。

チームは三部編成になっていて、いちばん下の育成チームになったぼくは、ちょっとでもうまくなりたくて、基礎的な練習をがむしゃらにやりました。全体練習が終わってからも、寮の前で素振り。これは、雨が降らない限りは必ずやっていました。試合では、結果が出たり出なかったりでしたが、それにかかわらず、とにかく練習をし続けました。

二年生になってもBチームには上がれず育成チーム。でも、そこでキャプテンをやらせてもらうようになったので、自分のことだけじゃなく、少しずつまわりを見るようになりました。

仲間にどんな声をかけたらチームがよくなるか、も考えるようになりました。野球の力は足りないけれど、野球人としては、少しずつ成長していたかもしれません。

そんななか、同級生のなかにもAチームで活躍しはじめる選手もいて。すごいと思うと同時にちょっとでも近づきたいとの気持ちもあって、練習の仕方や心構えなどいろいろ聞いてみたくなりました。

でも、育成チームの自分がAチームで活躍してる仲間には聞きづらいというか、こんなレベルの低いことを聞いたら、なんて思われちゃうかな、はずかしいなというのもあってすぐには話しかけられませんでした。

けれど勇気を出して、「自分が打つとき前に突っ込んじゃうから突っ込まないようにしたいんだけど、どういう練習したらできるかな」などと聞いてみたら、「こういう練習をしたらいいいんじゃない？」と。

ほんとはほかにもいろいろ聞いてみたいことはあったけど、彼らの時間をとらせて練習のじゃまをしてしまうのが申し訳なくて、それ以上は聞けませんでした。

ひとつ上の先輩たちの代が甲子園に出場し、ベスト8に入ったところで敗れて引退。八月下旬、ぼくらの代のチームがスタートしました。ぼくはBチームからのスタート。Bチームで結果を出せば、Aチームから呼ばれるので必死にやっていたけど、なかなか上がれませんでした。

練習後に、だれかが「明日からAに上がることになった」と告げられることもあり、そういうときは「Aチームでがんばれよ！　お前はしっかり練習してきたから絶対大丈夫だ！」なんて激励して。いつになっても呼ばれないぼくは、正直すごくくやしかったけど、その気持ちは抑えながら、仲間にはそういって送り出していました。

やってもやっても上がれなくて、Aチームの同じポジションの選手がケガをしたり、ミスをしたりしたら、ぼくが呼ばれたりするのかな、なんて頭をよぎったこともありました。でも、そんなことを考えてしまう自分が情けない。

とにかく力をつけよう。

そう思ってぼくは練習をし続けていました。

二年秋の大会が終わったころ。「このままじゃ最後までベンチ入りができない」。そう思ったので、ベンチ入りがギリギリだったチームメイトと朝練もはじめました。練習がはじまる前に室内に行って打ち込み、全体練習後もやって、雨の日も雪が降る日も、一日も休まずやっていました。お互い、必死でした。

ひと冬、練習をし続けて迎えた三月、春のメンバー入りをかけての紅白戦がありました。そこでヒットを打てた……ですが、やっぱりよほどインパクトを与えないとBチームの選手がAに上がるのは無理ですよね。

三月中旬、キャプテンから呼ばれました。そこで、

「マネージャーになってくれないか」

と頼まれました。自分たちの代にはマネージャーがいませんでした。自分は選手として最後までやることしか頭になくて、マネージャーになる、というのは考えていませんでした。でも、指導者とキャプテン、副キャプテンのなかでは、マネージャー候補としてぼくの名前が密かにあがっていたそうです。

急にその話をされ、戸惑いました。キャプテンに「時間がほしい」と伝え、それからいろいろ考えました。

マネージャーになるとは、その時点で選手が終わりということ。

選手として甲子園に出場して全国制覇をするんだと決めてここに来たのに、それができなくなるということ。

チームのためにできることであれば、道具の準備でも片付けでも何でもやろうと思っていたけれど、マネージャーになってしまうと、野球ができない。

でも、考えて考えて考えた末、ぼくは断腸の思いで選手をあきらめ、マネージャーになる道を選びました。

チームで「みんなで全国制覇するぞ！」と決めていたので、自分が自分だけのことで意地を張って選手にしがみついても、チームのための力になれないから。

裏方にまわって選手をサポートしていけるのだったら、そっちをやりたい、オレでいいんだったらやる、やるしかない！　と思ったんです。二日後、キャプテンに「オレでいいんだったらやるよ」と伝え、ぼくは〝野球選手〟に終止符を打ちました。

両親へは、春のメンバー発表がされる前に自らその戦いから降りたということが申し訳なく、メンバー発表されてからいおうと、しばらくナイショにしていました。

それから数日後、春のメンバーが発表されました。親にはメールでは申し訳ないと思って、電話。まずお父さんに「春のメンバー発表があって、ここまでやってきたけどメンバーにはなれなかった。いろいろ考えて、自分はチームの裏方としてマネージャーや記録員をがんばることにしたよ。選手を続けられなくてごめんね」と。

お父さんは「無理だったか」といった後、「でも、悔いはないんだろ?」。「オレはこの冬、だれにも負けないぐらいやってきた自信はあるから全然悔いはないよ」。そうしたらお父さんは「わかった。でも、裏方になったらお前がだれよりも動いてやらないとダメだぞ。やれることしっかりがんばれよ」。そういってくれました。

次にお母さん。お母さんはもう話をする前から泣いてしまっていて。「あんたが決めたんやから私は何もいうことはないよ。裏方になったんだったら、今まで以上にがんばりな」と声をふりしぼっていってくれました。こちらからは、お父さんにもお母さんにも「わかった」。そして、「ごめんね」と伝えました。

ぼくもほんとに泣きそうだったけど、ここで泣いたらダメだとずっとこらえてました。でも、電話を切ったら、やっぱり泣いてしまいました。「ごめんなさい」という思いだけが込み上げてきました。電話は寮から外に出てしていたのですが、三月の外はとても寒くて、冷たい風が身にしみました。

マネージャーになってから自分で決めたのは、「頼まれたことは何でもやる」「自分でできることを見つけて何でもやる」ということ。試合のときのスコアや連絡などは、もちろんチームが勝つため。甲子園に出て日本一になるためだったら何でもやる。だれかに「やって」と頼むのではなく、自ら掃除したり動いたり、ときにバッティングピッチャーもやったりしてチームを支えるようにしました。

やっていくなかで、ぼくが一人ではできない片付けなど、みんなにも「やって」といっても、動いてくれるのは数人だけだったり、大会のとき、保護者の方が洗濯してくれたユニフォームなどを宿舎で選手一人ひとりに配ることなど、時間がかかることも多かった。何かできていないと、選手から「これどうなってるんだよ」といわれたりもあったけど、自分がいい返してもしかたないので、ぐっとがまん。

これが自分のやるべきことだと黙々とやっていきました。

夏が近づき、夏に向けてのメンバー発表がありました。最後の最後までベンチ入りをめざしてがんばっていた選手が落ちてしまったり、逆にベンチに入れたり。ちょっと前までその位置にいた自分としては、見ていてとてもつらいものがありました。

でも、冬の間じゅう、ずっといっしょに練習してきたチームメイトはベンチ入りすることができて、それはすごくうれしかった。いっしょにやってきてよかったって。

その数日後、ベンチに入れなかった選手たちの引退試合が行われました。これは三年生の保護者も全員が観に来る試合。

マネージャーのぼくも試合に出られるということで、一週間前から少し練習をしたんです。ずっと練習パートナーとしてやってきたチームメイトが、「打っていいよ。

ちょっとだけじゃなくてずっと打っていいよ」とぼくのために投げてくれて。

迎えたその試合、高校野球最後の試合だと思ったら、シートノックのときから涙がいっぱいあふれてしまいました。仲間に「なんで泣いてるんだ」と笑われて。

でも、今までつらかったことがいっぱいあったなー、今日で終わってしまうんだなー、ここまでがんばってきたなーと思ったら、涙が止まらなくなってしまって。

二番ファーストで出場したぼくは、一、二打席目では打てなかったけれど、三打席目でセンター前ヒット！　打った瞬間に、仲間たちがみんな大歓声をあげているのがわかって、応援席の保護者のみなさんも大きな拍手をしてくれていて。今までに経験したことのない感情がわいてきました。一塁ベース上に立ったら、ファーストの選手も「ナイスバッティング！」といってくれて、ぼくは泣いてしまいました。

そして第四打席。

回数的にこれが最後の打席です。

ということは、ぼくの野球人生、最後の打席です。

打席に入る前に、ずっとお世話になってきたコーチに呼ばれて、「野球お疲れさま。思いっきりふってこい」といわれて、また涙。

気持ちが高ぶりすぎて涙があふれてしまい、少し間をおいてから打席に入ったのですが、今度はキャッチャーの選手に「まっすぐの真ん中しか放らないから、悔いなくふれよ」といわれて……涙。マウンドには、ひじを痛めてすごく苦しみ続け、ぼく同様ベンチに入れなかったピッチャーがいて、彼を見てまた涙が出てしまって。


つらかったのはぼくだけじゃない。

つらいヤツらがいっぱいいるなかでの、ぼくたちの勝負。

涙でボールもあまり見えなかったけど、思い切りふりました。

結果は凡退だったけど、悔いはありません。

試合が終わり、マウンドに集まって同学年みんなで抱き合って泣きました。メンバーには「夏、絶対俺たちを甲子園に連れていけよ！」「負けるなよ！」と。メンバーに入れなかったヤツらには、「これからも支えていこうぜ！」「まだまだがんばろうぜ」と泣きながら。本当にこの仲間と野球ができてよかった。

すぐ、応援席にいる母のところに行きました。母はずっと泣いていたんでしょう、目が真っ赤になっていて。母に「今まで野球をやらせてくれてありがとう。お母さんもお疲れさま」。そういいきると、ぼくは号泣してしまって。

母も顔をおおって大泣きしていました。

それから少し離れて見ていた父のところに行って、父にも「今まで、迷惑かけたけど、今まで野球をやらせてくれてありがとう。いつも話を聞いてくれてありがとう」と伝えました。すでに泣きやんだ顔をしていた父は、「ヒット、よく打ったな」とほめてくれた後、「ここからもっとしんどいぞ。甲子園行けるよう、マネージャーしっかりやれよ」と。ぼくは「わかってるよ」と半泣きしながら笑顔。

父は男らしくうなずいていました。

その夜は、両親と三人で食事。ぼくの好きな焼鳥です。最初は三人でその日のヒットの話などをしながら笑ったりして楽しく食べていたけど、最後はまたみんなでしんみり。

父に「お前、ここでやってきてよかったか」と聞かれ、「よかったよ」と答えたら、「最後までやったから全然オッケーだぞ」と。「ありがとね」と会話。寮まで送ってもらい、両親は翌日仕事だということで、寝ずに車で兵庫まで帰っていきました。

迎えた三年夏の大会。記録員としてベンチ入りしていたぼくはスコアをつけながらチームメイトを鼓舞《こぶ》しました。仲間たちは、苦しみながらも甲子園出場を決めました。と同時に、ぼくも、記録員として甲子園に行けることになったのです。

選手として甲子園に行く目標はかなわなかったけれど、チームの一員として行くのには変わりありません。両親も「よかったね」と喜んでくれていました。

数日後、ぼくたちは甲子園に向かって出発しました。
試合前、アルプスタンドにあいさつに行ったときには、母を目で探しました。母もぼくを探してくれてる気がして。背番号のついていないユニフォームで甲子園に立っている自分、ある意味、ぼくらしいぼくを、どんな気持ちで見ててくれたかな。

ぼくらは二回勝って、三回戦目に接戦ながらも敗れました。目標にしてきた日本一の夢が破れ、くやしさいっぱいで宿舎に戻ると、そこには両親たちが待っていてくれました。涙目の父と、泣きはらした顔をしている母に「今まで本当にありがとう」と伝えると、母はまた顔をおおって泣いていて、いつもは泣かない父までも涙。父に「よくここまでがんばったな。お疲れさん」といわれ、ぼくも大泣きでした。

翌日、久しぶりに実家に帰りました。母に渡したいものがあって。
夕飯のときに、それを出して「はい」。それは、県大会で優勝したときのメダル。
本当は記録員のぶんのメダルはないのですが、監督さんがメダルをぼくにくれたんです。甲子園を決め、表彰式が終わった後、学校に戻るバスで、監督が「ありがとな。これやるよ」と差し出してくれました。ぼくなんかがもらっていいのかなと思ったけど、素直にいただき、これは母にあげようと。

母はビックリした顔をして、「どうしたの？」。「監督さんにもらったんだ」といったら、「よかったね！」と笑顔。

泣いてばっかりだった母ですが、久しぶりの最高の笑顔を見た気がします。

どこかで恩返しをしたいと思っていたけれど、これで少しはできたかなと思った夜でした。

高校野球が終わった今、最後まで選手としてやりとげることはできませんでしたが、裏方をやることによって、人のために動くとか、社会に出て役立つことばかりを学べたと思います。苦しみを乗り越えるとか、耐え抜くこととか、いろいろ学べて成長できたかなと感じています。

甲子園で、三試合もスコアをつけられたことも、最高の思い出だし、宝物です。

ほとんどの仲間が大学進学するなかで、ぼくは地元に帰って就職することに決めました。野球は大好きなので、休みの日には、出身の中学のクラブチームに教えに行って、ぼくが高校時代に学んだことを後輩たちに伝えていきたいとも思っています。それを母にいったら、「おぉ、いいじゃない」と。

これからまた実家で暮らすことになりますが、親に負担をかけないよう自分のことは自分でやっています。三年前は何もできなかったし、「これやっておいて」といわれると「やだ」と反抗していたけど、今は率先してやっている自分がいます。この前も、母が疲れているとき、「オレがやるよ」とご飯もつくったりしました。

泣いてばっかりのお母さんから、笑顔になったお母さん、この三年間、電話で励まし続けてくれたお父さんには、これからは少しずつでいいから恩返し、親孝行をしていきたいと思っています。

記録員というと、昔は、本当に縁の下の力持ちだった。まったく目立たなかった。しかし今は、野球も進化して、選手だけでは勝てなくなった。裏方の力が不可欠になってきた。

アメリカ大リーグなどでは、今や裏方の存在は選手以上に大きいともいえる。チームを運営するゼネラルマネージャーは、大きな権限をもつとともにときには選手以上の給料をもらっている。

そう考えると、高校時代に裏方の経験をするというのは、ある意味選手の経験以上に役に立つかもしれない。というのも、社会のなかではほとんどの仕事が、光の当たらない裏方だからだ。ぼく自身も、これまでずっと裏方人生を歩んできた。

高校野球というのは、選手たちに強い光が当たる。しかしそのぶんだけ、裏方が学べることは大きいのではないだろうか。

Story 3

軟式野球には、甲子園がない

——初めて「軟式」野球部の監督となり、指導観や野球観が変わっていく

おはずかしい話ですが、今の高校に赴任するまで、私は高校の「軟式」野球部の存在をよくわかっていませんでした。

私自身、小学生で野球をはじめ、中学では軟式野球部に所属。高校、大学と「硬式」野球部でプレイしました。野球をするうえでよくあるパターンでしょう。

その後、公立高校の教員となり、三校で硬式野球部の顧問をしてきました。ところが今の高校に赴任したとき、校長先生から「軟式野球部の顧問をしてほしい」といわれました。

軟式野球部？？？

高校生、いや、中学生のころから高校野球＝硬式野球だと思っていた私にとって、高校の軟式野球部というのは未知の世界でした。出身の高校にも、勤務した過去三校にも、軟式野球部はありませんでした。

正直、最初はイヤでした。ある程度、プライドもありました。ずっと硬式野球をやってきたのだから、軟式野球部の顧問をしたら絶対に試合に負けないだろう、という思いもありました。

ところが、勝てなかった。ノーヒットノーランで負けた試合もありました。なんとかなるだろう、ではなんともならない。こちらも真剣にやらないと勝てないと悟りました。全国には、長年、軟式野球部の顧問としてがんばっている熱心な先生がたくさんいらっしゃった。そんな環境が、私を高校軟式野球の世界にのめり込ませていきました。

難しいんですよ、軟式野球。バットに当たったとき、ボールがつぶれるため、打つことが難しい。守備も不規則なバウンドをして、捕球できないこともある。

そして、硬式野球部との大きな違いは、「甲子園」という目標がないことです。

硬式野球部の子に「目標は何か?」と聞いたら、ほぼ全員「甲子園です」と答えるでしょう。思いの強さに差はあるかもしれませんが、めざす場所がある。誤解を恐れずにいえば、高校の硬式野球部員であれば、だれでも甲子園をめざせてしまう。

ところが、軟式野球部で「目標は何?」と聞くと、出てこないのです。

毎夏、甲子園が終わると、兵庫県明石市の明石トーカロ球場を舞台に軟式野球の全国大会が開催されます。

通称「明石《あかし》」。

高校の軟式野球で全国大会とは、この明石を指します。

でも、軟式野球部の顧問になったころに感じたのは、多くの選手にとって明石はどこか他人事《ひとごと》だということです。自分とは関係ない遠い世界でやっている話。大会でひとつ、二つ勝てればラッキーという感じでした。

今の高校に赴任した年、監督の先生と「一度、全国大会に出て、そこを見ないとダメだ」という意見で一致し、その冬、明石を狙って練習に励みました。一年生は力があり、二年生は素直ないい子たちでした。真面目に一生懸命にやっている二年生が三年生になるとき、いい思いをさせて卒業させてあげたい。そこがスタートでした。

そんな練習の成果は全国大会の道を切り開きます。予選の決勝では二点をリードされていましたが、九回に二アウトからライト前へのタイムリーヒットで同点に追いつきました。そして一〇回に勝ち越して勝利。九回に同点タイムリーを打った選手はそれまで緊張して舞い上がっていて、監督が「変えようか？」と迷ったほどでした。

私は「三年生だから、勝っても負けても最後まで出していいんじゃないですか」といい、交代させなかったところ同点タイムリーを打ってくれました。

そんなドラマがあり、五年ぶりの全国大会出場を決めました。翌年も予選の準決勝でリードされていた九回二死無走者から四連打でサヨナラ勝ち。その二年後にも決勝で九回サヨナラ勝ちを収め、全国大会出場をつかみとりました。

四年連続で全国大会に出場させてもらっていますが、そのうちの三回は奇跡的な勝利です。その奇跡も練習をしっかりやっているからこそ、起きるのではないでしょうか。

ましてやヒットが出にくい軟式野球で四連打などありえないことですから。

全国大会に出ることによって、選手には自信が生まれてきているように感じます。普通の公立の高校生が全国大会にたどり着けた。私立高校でもなく、必ず全国優勝するぞと意気込んでいる子たちの集まりでもなく、たまたま、入った高校に軟式野球部があって、その軟式野球部がたまたま全国大会に出ている状況だった——本当に普通の高校生たち。だからこそ、勝っていくことに意味があるのではと思っています。

これまで、軟式野球部が全国大会に出ていることを知って、「自分も全国大会に出たい」と最初から軟式野球部を希望して入ってきたのは一人。

その他の子は硬式野球部とどちらにするか迷っているはずです。

硬式野球部でのキチキチとした雰囲気についていけるか、人間関係でうまくやっていけるかなど不安なようです。

仮入部期間は硬式野球部にいて、本入部で軟式野球部に来たという子もいました。

また、経済的な理由を抱えている子もいます。そうした背景を踏まえると、軟式野球部を選択した子には自信をもたせることがいちばんでは、と思うようになりました。

そんななか、硬式野球部の顧問をしていたころとは指導観が変わりました。

正直、初年度はもっと厳しくていいんじゃないかと思っていたんです。ただ、厳しくやると子どもたちにとってよくないことが途中でわかりました。

それまで私は選手に考えを押しつける指導をしていました。こちらがある程度、一方的に引っ張っていく感じでした。

現在は私が監督をしていますが、最初の二年間は別に監督の先生がいました。その先生は子どもたちのなかにうまく入っていくタイプで、何事も大丈夫だよという雰囲気をもった心の広い方でした。そういうところから子どもたちが安心してのびのびとプレイできているのかな、と感じるようになりました。

その先生の姿勢から、子どもたちの気持ちに寄っていきながら、同じ方向を向かせられるか。いい結果を出せるようにどうやって子どもたちを仕向けるか。子どもたちが知らない間に進む道をつくってあげられるか。

そういったことが大事なのだと気づかされました。

かつては部員の失敗や逃げることを許せなかったのですが、逃げ道をつくってあげるというのもひとつなのかなと思うようになりました。逃げ道がないように追い込んで、そこから生徒が強くなって抜け出すのではなく、生徒にある程度の余裕をもたせ、ダメだったら逃げても戻ってこられるよというルートをつくってあげる。そういうほうが現代の子は合っているのかな、と。それでも、ただ逃げるのではなく、「雑草のように強く踏まれても踏まれても、春になると芽が出るように」という話もします。

実際に逃げる子もいます。三年間もあれば、練習がきつくてイヤになることもあります。でも、冷静になったときに野球をやりたいという思いが出てくるのでしょう。戻ってきます。そんなとき、逃げたからダメだといってしまったら、その子の道がなくなってしまいます。

生徒たちは実際に練習を休まなくても、練習に行きたくないなと心では思う日が多いはず。でも、卒業生に「やってよかっただろ?」と聞くと、「がまんしてやってよかったです」というのです。まわりの子たちがいたから続けられた、と。

みんなと励ましながらできた。そこがいいことだと思うのです。

野球観も大きく変わりました。

硬式野球と違い、軟式野球はボールがなかなか飛びませんし、ヒットも出ません。

硬式野球もひとつのミスが致命傷になることがありますが、まだ挽回できるチャンスがあります。しかし、軟式野球は硬式野球以上にひとつのミスが致命傷になり、挽回するチャンスは少ない。だからこそ、失敗をしないようにするのではなく、失敗をさせてそこから学ぶ。チャレンジすることを求めます。

それが「最終的に失敗しない方法」ではないかと思っています。

セオリーにも縛られなくなりました。サインを出すとき、その子にとって今、もっとも成功できるものは何かを考えるようになりました。バントがセオリーの場面でも、バントが苦手な子には打たせる。不得意なことで成功しろと指示されるより、得意なことを任されたほうがプレッシャーにならないはずです。

以前は子どもたちに対して、「この子なら大丈夫」という気持ちがありませんでした。「失敗するなよ」という感じで見ていました。

最近は「失敗したら仕方がない」と思うようになっています。指導観、野球観が変わるなかで、子どもたちを信用して信頼することを学びました。

それでも、多くの人が高校野球は硬式野球のイメージですよね。でも、軟式野球も決して引けを取らず、子どもたちが一生懸命やっているので、そういう部分を評価してもらえる世の中になればいいなと思っています。

軟式野球は子どもたちのがんばりがなかなか表に出てきませんが、やっぱり、試合で負けていては何にもならない。勝ち続けることによって、全国や県民にアピールできる部分があります。

たとえば、進路です。全国大会や国体に出場するようになり、高校卒業後も大学や企業チームの軟式野球部で野球を続ける子が増えてきました。企業チーム入部は硬式野球上がりじゃないとできないような風潮がありましたが、軟式野球で全国大会に出場したことで門戸が広がったような気がします。

高校で終わるのではなく、生徒が野球をずっと続けたい気持ちをもってくれることがいちばんうれしい。

野球はやりたいけど、力がないからできない。やりたくてもやる場所がない。そうではなく、野球を続けられる場所を探して、そこに入っていく勇気をもってくれる。たとえば、普段から一生懸命に活動してくれる女子マネージャーが就職試験に行くと、軟式野球部の戦績を知っている企業側が喜んでくれることがありました。

こうしてチームが少しずつ、成熟していっています。毎年、春には東から西から集まってきて交流戦が行われ、いろんな学校と試合をしています。

そして、同じ地区でも監督同士の仲がいい。互いのいいところ、悪いところをいったり、手の内を教え合ったりして勉強している。試合では互いのことをわかったうえでガチンコで勝負する。硬式野球に比べ、チーム数が少ないぶん、そうやって互いの向上を図っているのです。そんな先生たちの姿勢も軟式野球で勝負する面白さを教えてくれます。私も同じ地区に刺激し合える先生がいて、練習試合で引きわけた後、公式戦で決着をつけたことがありました。

県内の軟式野球、硬式野球に関係なく、野球が好きでやっている子たちのいい目標になれるようなチームでありたいと思っています。私は「九人いたら全国大会をめざすよ」という話をしています。どんな九人でも全国大会をめざし、その九人にはいい思いをさせるようにこちらも一生懸命にやる。今年の代がダメだから来年勝負をするとか、来年がダメだから今年がんばろうという気持ちはありません。

毎年、毎年が勝負。今年がダメならもう全国大会には行けないんじゃないかという気持ちでやっています。高校生活は三年間。こういう仕事をしていると、私たちには毎年、〝夏〟がやってきます。

しかし、その年の〝夏〟は、やはり最後の〝夏〟なんです。

高校の軟式野球。

それは私にとって、子どもに自信をもたせる場所です。

どうしても、最初は自信をもてない子が入ってきます。軟式野球だからできないとか、軟式野球だからこれくらいとあきらめず、軟式野球部に入ったからこそ、自信をもって卒業してほしい。

この高校に来るまで、軟式野球をこんなにも一生懸命にやっている子どもたちや先生たちがいることを知りませんでした。世間知らずではずかしい。

でも、この環境が私を一生懸命にさせてくれています。

私は「日本一になりたい。お前たちも目標は日本一というけど、その同じ日本一でも思いがかけ離れていたのではなかなかたどり着かないんじゃないか」という話を生徒にします。最初はこちらの思いと子どもたちの思いがかけ離れているなと感じました。

少しずつですが、子どもたちの日本一への思いも強くなっているように思います。

普通の公立高校の何でもない子たちを軟式野球で日本一にしてみたい。

そんな気持ちが私のなかでも一層、強くなってきています。

このお話も、やっぱり「変化」がテーマだ。世の中が大きく変わるなかで、監督さんの考えも徐々に変わった。それもいい方に変わって、選手たちもいい方向へと向かった。

ちなみに、ぼくの母校は茗渓学園《めいけいがくえん》といって、ラグビーの強豪なのだが、軟式野球の強豪でもある。昨年（二〇一七年）は、なんと「明石」で準優勝した。

じつは、ぼくはその軟式野球部出身なのだ。といっても、ぼくがいたころは初戦敗退ばかりの、超弱小だったのだが……。

ただ、ぼくにとっての野球部は、「チームの在り方」についていろいろ考えさせられる場所となった。そこでうまくいかずいろいろと悩んだからこそ、後に『もしドラ』というチームについての本を書くきっかけとなったのだ。

Story 4

マネージャー一人の野球部

――女子マネージャーが部員を集めて、夏の大会の単独チーム出場をめざす

たった、一人になった。

野球部に選手はだれもいなくなって、部員はマネージャーの私だけ。

二年生の冬のことだった。

だけど、やめたいなんて一度も思わなかった。

「三年夏の大会が終わる最後の日まで続ける」

それが、入部時に決めた自分との約束だった。それに、これまでの先輩たちから託されてきたチームの目標も、もし私がやめて野球部がなくなってしまったら、だれも果たせなくなる。ここで途切れさせるわけにはいかない。

チームの目標のひとつ目は、「夏の大会で、他校との合同チームでなく、単独チームで出場すること」。二つ目は、「夏の大会で一勝すること」。私が入部してからまだ一度もかなえられていないけど、あきらめたくない。

だから、次の春には新入部員がたくさん入ることを信じて、私は冬の間も部活を休むことなく、平日も、休日も、毎日グラウンドに行って整備したり、今自分にできることをやり続けた。


それでも、私は、最初からここまでの思いをもって、野球部のマネージャーになろうと決めてたわけじゃない。

高校に入学した当初は、野球のことなんて、まったく知らなかった。

もともと、部活に入るつもりもなくて、高校生活はアルバイトと勉強をがんばろうと思っていた。だけど、友だちに誘われて、運動部のマネージャーならやってもいいかなって、部活見学にまわりはじめた。サッカー部を見たり、バスケ部やバレー部の見学に行ったり。

そんなある日、雨が降っていて、今日は校庭ではどこも練習してないなぁと思ってたら、野球部だけが外で練習してた。監督さんに話を聞くと、「野球部は、どんな状況でも外で練習するよ」といっていて、野球部はほかの部活と違うところがなんかいいかもって。

私は中学ではテニス部に入ったのに、途中でやめちゃって、その後は家でダラダラしてたから、「もっと、しっかりした人になりたい」との思いもあった。あと、「将来、看護師になりたい」と小学生のころから思っていたから、こんなダラダラした自分のままで、看護師になりたくなかった。

だから、野球のことはまったくわからないけど、ここで三年間しっかりやって、私は変わりたかった。

入部届を提出する日、迷いなく野球部に向かった。私のほかにマネージャー希望の子が二人いて、監督はこういった。

「来てくれて、ありがとう。でも、野球部のマネージャーは朝も早いし、夜も遅い。三年間続かずに、みんなやめてしまうほど、大変な仕事だよ。今日は入部届は預かるけど、もう一度よく考えてから決めてほしい」

それを聞いて、負けず嫌いの私はかえって固く決心した。

野球部に入って、三年間、絶対にやり切ろう！

翌日、グラウンドに行くと、三学年で選手は六人、マネージャーは私も含めて五人もいた。

このなかで、野球のルールを知らないのは私だけ。スコアもつけられないし、ましてストライクボールやアウトボールもわからない。毎日、先輩にルールを教えてもらって、自分でも本を読みながら、必死に「野球」を覚えていった。

一年生の春は、部員数が足りなくて公式戦に出られなかった。私にとっての初めての公式戦は、夏だった。お互い部員数が少ない高校との合同チームで参加した。

私は、スタンドでメガホンをもって応援していただけだったけど、初めて見た夏の高校野球の雰囲気に圧倒された。

普段の練習試合で、たくさんヒットを打っていた先輩たちも、いつもと様子が違って、緊張しているのが伝わってくる。「夏一勝」なんて、簡単に口にしてたけど、そんな甘いものじゃないんだなって。

試合は、〇対一二の五回コールドで負けた。

三年生の先輩たちは、残された一、二年生の選手二人と、私たちマネージャー二人に向けて、こういった。

「俺たちがかなえられなかったチームの目標は、お前たちに任せるからね」

このとき、「絶対にかなえたい！」と強く思った。


翌日から、部員四人だけの練習がはじまった。といっても、マネージャーは、キャッチボールの相手はできないし、実践練習に入ることもできない。それでも、重たい荷物運びも、ボール渡しも、私にできることは何でもした。

夏休みは、ほかの学校と合同チームを組んで練習試合もたくさんした。

でも、人数がそろっている対戦校を見るたびに、自分たちのチームと比べてしまうこともあった。野球部を途中でやめてしまった部員たちも、野球を知っていたからこそ、だんだんと今のチーム環境に満足できなくなって、野球が面白くなくなって、やめていっちゃったのかも。

秋の大会が終わってから、また部員が減った。

残ったのは、二年生の先輩選手一人と私だけ。

そんななか、事件が起こる。

冬休みに入る前に、先輩が使っていた野球部の部室が汚かったことから、監督が怒って、しばらく練習中止になってしまった。

「こんな状態で練習してもダメだから、これからの練習時間は全部掃除だ！」と叱られて、それからは、私と先輩で毎日、学校内を掃除してまわった。

だけど、しばらくすると、先輩が突然、掃除に来なくなってしまった。練習が再開するわけもなく、冬休みに入っても、私は毎日学校に行って、トイレや教室の窓とか、学校中の掃除を続けていた。

「今日は、行きたくないなぁ」という日もあったけど、私が部活を休んだら、野球部は何も活動していないことになるから、絶対に掃除は続けようと思ってた。

一年前の中学三年生の冬休みなんて、毎日ベッドの上でゴロゴロしてたのに、野球部に入って、私、成長したなってなんだかうれしくなった。


冬休みも終わってしばらくして、先輩が練習に戻ってきた。

「一人で掃除させちゃってゴメン」と謝られて、内心は少し怒った気持ちもあったけど、選手が戻ってきてくれたことでちょっとホッとした。

春になって、私は先生がつくってくれた野球部のパンフレットを野球経験者の新入生に配ってまわった。この年、一年生選手三人が、入部してくれた。うれしい。

それでも、夏の大会は九人そろわず、辞退となった。

先輩は最後の大会に出場できないことが決まってからも、後輩たちのキャッチボールの相手をして、毎日グラウンドに来てくれた。

引退時に、先輩も、あの目標を私たち後輩に託した。

「来年は絶対に単独チームで出場して、夏一勝しろよ」

去年の先輩たちが残してくれた目標と同じ。

やっぱり、この夢だけはかなえたい！

これから最上級生になる私が、守っていかないといけない。

チームみんなの夢なんだから。


でも、秋の大会がはじまる前には、部員は選手一人、マネージャーは私だけになっていた。秋の大会には、ほかの高校との合同チームで出場することになっていたけど、この時期、私の気持ちが少しゆるんでいたのかもしれない。

監督から叱られることが増えた。

あるとき、学校から借りた炊飯器を私も選手も、片付けするのを忘れてグラウンドに出しっぱなしにしたまま帰ってしまった。私が先に帰らなきゃいけなくて、選手に後片付けをお願いしたのだけど、ちゃんとそれが伝わっていなかった。

雨のなか、炊飯器がそのまま放置されて、ほかの先生がそれを見つけて片付けてくれたと翌日になって知った。

それから、その直後にあった文化祭で、私は野球部の朝練習を休んで、後夜祭の準備に行ってしまった。すぐに、監督に呼び出された。

「お前、秋の大会前に、そんなでいいのか？」

私は思わず、

「今日は後夜祭のためにしっかり準備して、次の日には切り替えて、部活もがんばったほうがいいと思ってそうしました」

と答えていた。


結局、この一週間後に行われた秋の大会は、五対一で負けた。でも、点は取れたし、負けはしたけど、いい試合だった。

だからこそ、くやしかった。

試合が終わったとき、大会前に監督から怒られたことを思い出した。

普段の生活から気のゆるみがあって、そういう部分が試合に出てしまったのかもしれない。部活の練習よりも文化祭の準備を優先させてしまったけど、文化祭には来年野球部を引退してからも出られた。でも、秋の大会は二年生の今年で最後だ。三年生になって、もし夏の大会に出場できなくなってしまえば、あのとき、ああすればよかった、こうすればよかったって、きっと後悔するんだろう。そんなのイヤだな。

涙が出てきた。

チームの夢をかなえるために、後悔だけはしたくなかった。

だけど、現実は甘くはない。

冬休みに入る直前、一人だけいた選手もやめてしまって、ついに、部員は私だけになった。でも、落ち込む暇はない。私は一人でもできることを野球部のためにやり続けよう。そんな私に監督は、こんな話をしてくれた。

「単独チームで出場したいですとか、何かをしたいといっているだけでは、何も変わらないよ。私は○○をするんだ！って、普段からの言葉から変えると、自然と状況は変わってくるもんだよ」

それを聞いた日から、私は監督に話をするときも、

「夏一勝するんで、そのためにグラウンド整備します！」とか、「夏は単独チームで

出場します！」と言葉を変えて、一人でも、しっかり気持ちをつくって、毎日グラウンドに向かった。

たとえ部員が一人でも、やるべきことはたくさんあったからだ。

雪が降れば、グラウンドの雪かき。グラウンドの入り口から奥まで、雪かきをして道をつくったり、土日は学校の駐車場の雪かきも買って出た。

雪が降っていないときは、グラウンド整備をした。グラウンドで、デコボコの穴が開いている場所に、一輪車で土を運んで土入れをして平らにならす。一日一カ所埋めるだけでもすごく時間がかかって、一輪車に重たい土を入れて校庭を何往復もした。

三月からは、新入生向けのポスターやパンフレットもつくった。そのとき、監督が、「新一年生になる野球経験者の生徒たちに、直筆で手紙を書いてみたらどうだろう」

と提案してくれた。

何を書けばいいんだろう。

監督からもらった緑色のクローバーのさし絵が入った小さな便せんを前に、なかなか言葉が出てこなかったけど、もうここまで来たら、思ったことをとにかく書こう！

二枚書き上げた。次の日も同じ手紙を書いて、全部で九人分の手紙を用意した。

「こんにちは。私は野球部のマネージャーです。もうご存じかもしれませんが、私たちの野球部は今、選手はいません。マネージャーの私のみです。この野球部にはたくさんよいことがあります。人数は少ない（いない）けれど、そのぶん一人ひとり先生と向き合える時間が他校よりたくさんあると思います。また、先生方もとても明るく楽しく接してくださります。もちろん、野球をしているときには真剣、そして熱いです‼　野球部に入部し、三年間続けてよかった。きっとそう思える部活です。野球経験者の方であってもそうでなくても、絶対に充実した三年間になります。もし迷っているのなら、一度グラウンドに遊びに来てください。体験してみてきっと野球部に入りたくなると思います！　そして、私は今年の七月で引退です。

〝単独チームで夏の大会出場〟〝夏一勝〟

私が一年生のときからの目標です。かなえたいです。そのためには、みなさんの力が必要です。先輩方から引き継いできたこの目標をかなえるために、ぜひみなさんの力を貸してください。よろしくお願いします。」

四月。野球部に、八人の選手がやってきた。手紙を読んで、入部を決めてくれた選手もたくさんいた。

「本当に入ってくれた！」

たった一人で冬に取り組んできたことがすべて報われた気がした。すごくうれしかったし、こんなに選手たちが集まってくれたことにビックリした。

夏の大会に単独出場できるまで、あと選手一人だ！

それからは、一年生のなかで、まだ入部していない野球経験者の子に、ひたすら声をかけ続けた。毎日、一年生の棟に通った甲斐あって、六月についに助っ人として選手一人が練習に参加してくれることになった。

これで、大会に出られる！

チームの夢だった、「単独出場」が五年ぶりでついにかなった。

登録メンバーの選手九人のなかには、野球初心者の子もいたけど、選手同士で野球を教え合ったり、できないことはいっしょに悩みながら、みんなで成長していった。

迎えた夏の初戦。私は、マネージャーとして、初めて公式戦のベンチに入った。ドキドキしながら、ベンチのなかから見守った。

その初回。一年生部員の選手が、いきなりホームランを打った！

これまでの公式戦といえば、いつも劣勢の試合ばっかりだったのに、いきなり二点も先制！　相手も強かったし、ピッチャーの球も速いのに。まさか、一年生の選手が打つなんて！

でも、私は、ちょっと期待していた部分もあった。じつは前日に、全員分用意したコールドスプレーに、一人ひとりの名前とメッセージを書いて渡していて、ホームランを打った選手のコールドスプレーだけに、「特大のホームラン期待してます！」と書いてたんだ。まさか、本当に打っちゃうとは思わなかったけど。なんだか、特別なプレゼントをもらった気がした。

試合は、初回に二点を取ったものの、気づけば二対一四。五回コールドで負けてしまった。あっという間だった。泣く暇もないくらい、試合中のベンチでの仕事は忙しくて、試合が終わってからも、片付けでバタバタしてた。

そのとき、監督が来て、私に手を差し伸べてくれた。握手をしながら監督は、「ごめんな」と。なぜだかわからないけど、その瞬間、いきなり涙がとめどなくあふれてきて、止まらなかった。

「夏一勝」の夢がかなえられなかったから、監督はそういったのかな。

でも、あきらめなかったからこそ、「単独チームで夏の大会出場」の夢を五年ぶりにかなえることができた。それに、一年生部員がたくさん入ってくれて、また後輩たちに、チームの夢をつなぐことができた。それがいちばんうれしかった。

入部したときに決めた、「部活を三年間、やりきる」という自分との約束も果たせた。野球部に入ったおかげで、私はここまで成長できた。

引退した翌日すぐに、そんな私の目の前に突きつけられた「受験」の二文字も、野球部を経験したからこそ、乗り越えられた。小学生のころからの夢だった看護師になるための第一志望の看護学校は、七月から勉強しても間に合わないぞとまわりの先生たちからはいわれていたけど、私はあきらめなかった。

毎日、放課後は一人で教室に残って、遅くまで勉強する日々。グラウンドから聞こえてくる野球部員の声を聞くと、「いいなぁ、私も練習に行きたいな」。

でも、後輩たちのがんばる姿を力に、私も受験勉強に打ち込んで、第一志望校の合格通知を手にすることができたんだ。

きっと、看護師になってからも、大変なことはたくさんあると思う。

だけど、この野球部での三年間は、これからの私を必ず支えてくれる。

人数が多い野球部や、強豪校だったら、経験できなかったような特別なできごとがたくさんあった。一人でつらいこともあったし、公式戦で勝った経験もないけど、それでも、私はこのチームで三年間マネージャーができて、本当によかった。

みなさんは、戦略と戦術の違いをご存じだろうか？　戦略とは「何をするか？」で、戦術とは「どうするか？」だ。このお話の場合だったら、「部員集め」が戦略で、手紙を書くのが「戦術」だ。

このお話の主人公は、戦略がおろそかになっていた。だから、部員集めが後回しになり、せっかく入った部員もつなぎとめられなかった。

だけど、最後の春にようやく「まずは部員を集める」という戦略が固まった。すると、「手紙を書く」という戦術も決まり、夏の大会に出られることになった。

このことからもわかるように、何をするにもまずは「戦略」がだいじだ。戦略が正しければ、戦術は後からついてくる。

みなさんも、もし何か問題を解決するとき、まずは「戦略」を考えてみてほしい。

Story 5 不登校だったぼくが

――中学では不登校だったが、高校の野球部ではキャプテンとなる

中学時代は不登校――。そんなぼくが高校最後の年にキャプテンを任されました。人生初のキャプテンで、最初は正しいキャプテンの姿がわからずにいたのですが、迷っている時期に先生（監督）から「お前は背中でひっぱっていけ」といってもらいました。そこからは自分らしくやって、言葉ではなく自分のプレイでひっぱっていこう、と迷いがなくなりました。

高校に入るまでは、まわりを気にせずやりたいようにやっていたので、まさか自分がほかの選手たちの動きや姿勢に気を配って、野球をするようになるとは……。この高校に来て成長できたことです。

中学校では納得いかないことが多々あり、体調も変化してしまい、思い悩むことが多くなってしまいました。中学二年の冬からは学校に行くのをやめました。今思えばわがままで行かなくなったので情けなかったです。

でも野球は変わらず好きでいられました。中学では部活動ではなく地域の硬式野球クラブに入っていて、土日に通っていました。

今の高校に声をかけてもらったのは、中学三年の一〇月ごろです。野球に対しては熱心に取り組むぼくを見て、親が独立リーグのテストを受けさせてくれました。そのときに関係者から「こういう高校もあるよ」と紹介してもらいました。

そこは、公式戦でまだ一度も勝利したことのない、地元から遠く離れた東京の通信制高校でした。とある野球強豪校で長年指導していた方がここの監督をしていることは聞いていたのですが、入学する前は「どれくらい本気でやっているのだろう？」というのが正直な気持ちでした。

地元とは違う環境に最初は慣れなかったものの、チームメイトや先生たちがいい人ばかりでした。練習への行き帰りや寮でワイワイ話すのも楽しかったし、練習がつらいときもだれかが明るくふるまえば、それが全員に伝わって明るくなる。そんな雰囲気がありました。通信制とはいえ週五回のスクーリング（登校）がありましたが、それも野球部の仲間といっしょだったので楽しかったです。

ほかの高校を中退してきた新しい部員もチームにすぐに溶け込めるのが、うちの高校のよいところ。転校生はぼくらの学年だけでもチームに六人いましたが、みんなすぐになじみました。途中からだれかが入る環境が当たり前だったこともあるのかな。

転校生たちは規定で一年間は大会に出られないこともあり、正直いうと当初はチーム全体の雰囲気はそこまで真剣ではありませんでした。でも、それが最後の夏に向けてだんだんと変わっていきました。

三年生のなかでも競争が激しくなって、一人ひとりがやる気を出して、最終的には転校生六人中五人が最後の夏のメンバーに入れたのです。また、外れた一人も、春まではベンチに入っていましたが、そんなくやしさもありながら打撃投手を最後まで一生懸命やってくれました。

声を出してみんなを励まし、緊張をほぐしてくれるやつもいたし、自分のミスで途中交代したときは試合後に泣いていたやつもいました。転校して一年以内で試合に出られなかった選手たちの思いも背負って戦ってくれていた証《あかし》です。

だから、みんなで能力を高め合えました。

ぼくらの学校は最後の夏、甲子園に何度も出ている強豪校に負けてしまいました。キャプテンとして最後までしっかりやろうとがまんしていたのですが、ベンチ裏では泣いてしまいました。

でも、最後の夏は二年連続のベスト16入り。それに、ぼくらが一年生の夏に公式戦で初勝利をあげて、二年の春には勝ち上がって夏のシード権を獲ることができていました。先生が「歴史をつくってくれた」といってくれたように、東京でたくさんの高校があるなかで大きい実績を残せたと実感しています。

入部当初は先生の求めるレベルの高い野球を理解するのが難しくてイヤになることもあったのですが、やっていくうちに結果が出てきて理解もできました。先生から教えてもらったことを、この先も続けていけるものは続けて、「先生の野球は正しかった」ともう一度理解できるようにがんばっていきたいです。

卒業後は地元の大学で野球をすることに決めました。

先生に東京の強豪大学もすすめられたのですが、大学が野球人生最後になるのかもしれないので、試合に出て、親にも近いところで応援してもらおうと思いました。あとは、中学時代に対戦した地元の選手とも試合をしたいなあって。

今までに比べて部員も多く競争も激しくなるので、自分をしっかりアピールして出場機会をつかんで、全国大会でまた神宮球場に戻ってきて野球がしたいですね。

大学卒業後も硬式野球を続けられるなら続けたいですが、もうひとつ「教員になりたい」という夢があります。中学時代は不登校でしたけど、ここに来て先生の教えもあって、教員をめざすようになりました。

今度は教える側で強い高校野球のチームをつくってみたいです。

今、不登校で悩んでいる子どもたちは多い。この本を読んでいる人のなかにも、そういう人はいるだろう。

その人たちに伝えたいのは、学校に行かないことはけっして悪いことではない――ということだ。むしろ普通のことだ。なぜかというと、今は時代が大きく変化して、学校というシステムが古くなってしまっているからだ。おかげで、ところどころにきしみが出ている。

ところが、この学校というシステムはもう一〇〇年以上も続いてきたので、なかなかすぐには変えられない。おかげで、頭がいい大人たちも、どう変えればいいかわからずに四苦八苦している。

今は、その変革の真っただ中なのだ。おかげで、子どもたちは苦しめられているのだが、案外、それを解決するのはこのお話に出てきたような、当事者である子どもたち自身なのかもしれない。

Story 6
息子を見守って
――高校に野球の特待生で入り、レギュラー入りをめざす息子に母の視点は

次男は、小さいころから野球が大好きで、テレビで甲子園が映し出される時期になると、その前にちょこんと座って、目をキラキラさせながら野球を見てる子でした。今宮健太《いまみやけんた》選手（現ソフトバンクホークス）と、庄司隼人《しょうじはやと》選手（現広島カープ）が好きで、その対決は録画してまで何度も見ていました。もしかしたら、息子はあまり体が大きくなかったので、小柄ながら甲子園でバリバリ活躍していた今宮選手や庄司選手にあこがれたのかもしれません。「いつか、自分もその地に立って、試合をするんだ！」と自分を重ねていたのでしょう。

小学生のときに野球をはじめた息子は、中学に入るとき、学校の野球部ではなく学外のクラブチーム、それも強豪チームを選びました。長男がそちらで野球をしていたこともあり、そこでがんばって野球をしていれば、甲子園に行けるような学校に入る道も開けると思ったのかな。

そのチームではメンバーに入れなくても、いろんなことを経験させてもらって高校野球につなげようと思っていたのですが、意外にもメンバーに入ることができました。チームとして日本一にもなったり、とてもいい経験をさせていただきました。私もお当番をしたり、サポートをしながら、息子のがんばる姿を見てきました。

高校をどうするか、というとき、二つの選択がありました。中学時代ではレギュラーになれなかったので、試合に出られる可能性のある高校に行くか、いわゆる強豪校に行って、たとえレギュラーになれなくても甲子園出場をめざすか。

息子は、「強い高校には行きたいけれど、試合にも出たい。だから、自分をほしいといってくれる高校があったら、そこに行きたい」と。私も夫も、息子の意思を尊重し、特待でとってくださるという私立高校への入学を決めたのです。

力としては、地方大会でいいときでベスト16ぐらいの高校です。息子はいちおう、強豪シニアの二番手ショートだったということでいい条件で取ってくださり、大きな希望をもってそこに入学したのです。

私も、息子が高校で活躍する姿を楽しみにしていました。

けれども、入学と同時に、誘ってくださった監督さんが退いてしまい、違う監督さんになりました。前の監督さんを信頼していただけに、少し不安に。でも、新しい監督さんも実績のある方だと聞いて、その監督さんのもとでがんばろう！　と息子と話して、高校野球がスタートしました。

野球部の練習がはじまると、息子は早速、練習試合などで使ってもらえるようになりました。先輩たちについて練習試合に行くこともあり、もしかしたら、一年夏からベンチ入りできるかもしれないという期待感も正直ありました。

ただ、ひとつ気になったのは、あるコーチの存在です。そのコーチは、自分が目をかけた子をベンチに入れるようにもっていくことが多々あると聞いていました。うちの息子は、入学して早々、何かがそのコーチのカンに触ったようで、そこから何かと敵対視されるようになってしまったのです。

ノック中も徹底的に口で攻撃されます。高校野球部の練習ですから、ある程度の罵《ば》声《せい》を浴びせられるのはわかっていますが、息子は悪意のあることばかりされているとチームの仲間から聞いて、おどろきました。

それでも、気持ちは切らすことなく練習だけはきっちりやっているように見えました。どんなにひどいことをいわれても野球に立ち向かっていく姿は、見ていて涙が出たし、とてもせつなかったです。

一年夏、三年生が引退し、ひとつ上の学年とともに新チームがはじまると、先輩たちといっしょに練習試合に連れていってもらって試合に出られることもありました。けれども、息子は大事なときにケガをしてしまい、一年秋の大会でベンチ入りすることはできませんでした。

二年の春の大会前にはシンスプリント（脛《すね》に痛みが生じる病気）になり、春の大会もベンチ入りならず。二年夏の大会も、ダメ。息子は、コーチにたびたび嫌味をいわれたりしながらも、なんとか気持ちを切らすことなくがんばっていましたが、二年秋の大会でもベンチ入りはできませんでした。

学校からは、「特待なんだからもっとがんばってもらわないと」という話も何度か聞かされたようで、このままだと、特待を外されてしまうかもという危機感や、「特待の枠をひとつもらっているので、なんとか結果を出さないとみんなに申し訳ない」と、息子はどんどん追い込まれていってしまいました。

私は野球のことはよくわからないので、息子が帰ってくると、たわいもない話をするぐらい。野球のことは、主人に任せていました。

帰宅後、「どうだった？」と主人が聞くと、「今日はこんなことしてこうだったよ」とか「いつもと変わりないよ」などと会話をしていました。

けれども、日に日に、帰ってくるときの表情がこわばっていく息子。

それを見ているだけで何もできないのがつらかったです。

でも、さらに気持ちが落ち込むようなことが。息子は高校二年の一〇月終わりぐらいに、練習中にひざのじん帯を痛めてしまったのです。起きてしまったものはしかたない――。その五カ月後の三月には春の大会のメンバー決めがあるので、監督さんも、「無理してやると回復が遅れるから、無理しないで三月のオープン戦に間に合うようにすればいいからな」といってくださいました。

そこで、本人もできる練習をやって、あとは治療に専念して三月に間に合わせ、春のベンチ入りをめざして、夏につなげていきたいと思っていたそうですが。

一月末、いつものコーチが息子に「お前はケガ人！　春のベンチもう入れないから」と。こちらは監督さんから三月のオープン戦に間に合うように調整するようにいわれて、調整していたのに……。

息子の高校では、一月にとてもきつい合宿があるので、「ケガだからってまともに合宿に参加していないのに、ベンチ入りできるわけないだろ」という意味なのかもしれません。けれど、一月末の時点でそういわれてしまい、もう三月までの間、目標もなくなりモチベーションも保てなくなってしまいました。

息子も、それはそれは落胆していました。

「監督さんには試合がはじまる時期までに治して準備しておけといわれてがんばってきたけど、コーチにそういわれた。もう、しんどい……」と、初めてこぼしましたね。うつろな目をして帰ってきたあの日は、正直、私はかける言葉もありませんでした。三年春の時点でベンチに入れなければ、夏に入るのはもっと難しい。それがわかっていたから、もう終わりだと思ってしまったんでしょう。私は「夏があるって！　夏に向けて準備しよう！」と精いっぱい励ましたのですが、心がザワザワしていてやるせない気持ちでした。

ここで息子の気持ちが切れたらおしまい、なんとか励まそう！　そう思ったのですが、あのときばかりはモチベーションが上がらなかったですね。高校野球はもう終わりといわれているようでした。

それでも私からはこういうしかない。

「腐ったら負けよ。一生懸命やっていれば認めてもらえるって!」と。

その後、少しずつ少しずつ気持ちが上がり、また以前と同じような気持ちで練習に取り組む息子……苦しくてもやるんだ。ダメだとわかっててもやる。でも、大会前の練習試合には連れていってもらえず、三年の春もベンチ入りはできませんでした。


大会では、スタンドで応援。応援席で、いつも複雑な顔をしながら応援している息子の姿を見るのは、やはりつらかったです。

試合になったら、ベンチに入れなかったことはおいて、気持ちを切り替えてチームを応援しなくてはいけないけれど、息子はよほど試合がしたいのか、くやしいのか、それができなくて、いつも複雑な顔をしていて。

そんなことではダメだと私は思いましたが、あの子の以前からの心境を考えると切り替えて応援することはできないのかなって。

長男は高校野球を経験していて、ベンチに入れたり入れなかったりだったので、彼に話したら、「それはダメ。切り替えて応援しないと」と。でも、私はそのことは本人に伝えようとしても、いえなかった。やってもやってもダメで、何をやってもうまくいかなくて、そんな状態の息子に、強くはいえませんでした。主人も「入りたいっていう気持ちが強すぎて、しかたないよな」と。息子も試合を応援しないとダメだとわかってはいたのですが、くやしくてくやしくて、きっと、どうやっても気持ちが入っていかなかったようです。

私たちも、年中はっぱをかけていたわけではありません。たまのオフに、遊びに行くといえば、息抜きも大事と思って「行っておいで」と送り出したし、「今日は疲れたから寝る」というときは、いつまでも寝かせておいたり。

私たちは毎日の練習をすべて見ているわけではないので、監督やコーチが、息子はダメだと判断しているのならそのとおりなのでしょう。

でも、私たちが見ている限りでは、やっているように見えたんです。

二年の終わりごろからは、息子は「これ以上、ケガしないような体にしたい」といい、「やれることは何でもやりたい」と、初動負荷のジムに通いはじめました。野球部の練習が終わる時間に主人が近くの駅まで迎えに行き、そこから車で走り、ジムでトレーニングをして、帰宅するのは夜の一一時前ぐらい。それから夕飯を食べお風呂に入って寝るのは夜中。そして朝、四時半には起きて、五時二〇分に家を出る。

もちろん、一生懸命やったからといって、結果が出なければ使ってもらえないのはよくわかっています。でも、チャンスはほしかった。今までは試合に出していただけば、結果を得たときもありました。でも、なかなか出してもらうことができず……使ってもらうためにはどうしたらいいんだろう。これだけやってダメなら、もっとやってもっと力をつけて。息子はそう思って足りないところを補おうと練習やトレーニングをしすぎてケガをしてしまい、ほんとに空回りでした。

なんとかベンチに入りたい。そう思ってやってもやっても、もがいて苦しんでまたもがいても、メンバーに入れない。悪夢のくり返しでした。

そうして迎えた最後の夏の大会前、学校では「英検を取れば、指定校推薦が取れる」といわれ、高校三年の六月に英検があったので申し込んでいたんです。でも、直前になり、息子は「練習試合に行きたいから英検は受けない」の一点張り。担任の先生には「進路のことを考えて、絶対に受けたほうがいい」といわれたのですが、息子は、その英検をけってまで野球にかけてること、それぐらい本気ということを指導者にわかってほしかったのかもしれません。

それ以前に、息子本人が最後の最後まで野球をやりきりたかったんだと思います。でも、コーチからは「そんなことしても(ベンチ入りできないのは)変わらない。(英検受けなかったことを) 後で後悔するぞ」ともいわれて。息子は気持ちをどこにもっていけばいいかわからなかったようです。

でも、親としては、本人がやりきりたいと思っているのだから、それでいいと。指定校が取れなくて後で苦しくなったとしても、高校野球を最後まで本気でやりきらないで終わったほうが、あの子としては苦しいでしょうから。

私は息子の意思を尊重しました。

長男の場合は、やりきった感があり、納得の終わり方ができたんです。

でも、次男は違う。大会がはじまる前の背番号発表のたび、落胆した顔をして帰ってきて、それを引きずったままスタンドで応援し、大会で負けて、また次に向かうというくり返し。

大会前の背番号発表のたびに、「ダメだった」と帰ってくる。そのときがいちばんしんどかったです。つらい表情をしている彼を見るのが、本当に苦しかった。

それは主人も同じ。親にできることは何でもやろうと、主人は八年間朝練を息子たちと三人で休みなく続けてきました。過度にならない程度にサポートしていこうと二人でやってきたけれど、主人は役員として保護者をまとめていくなかで、わが子がこういう状態なのは、精神状態がきつかっただろうなと思います。

あの子はとにかく野球がしたかった。試合に行って、アップをして、キャッチボールをして、トスをして、試合前ノックをして、試合に出て。相手ピッチャーと対戦すべく打席に入る。守備にもつく。ベンチから仲間を応援すべく声も出す。そういうことがしたかった。息子が大好きな野球ができないことが、見ていてすごくつらかったです。

迎えた夏のメンバー発表。私は一週間くらい前から胃が痛くなってしまって。そして当日、帰ってきた息子の顔を見て、すぐにわかりました。ダメだったんだな。

息子は報告してきました。何回も聞いてきた「ダメだった」。最後まで聞くことになろうとは。

息子も一回でいいからいってみたかったでしょう「入れたよ！」。私も一回でいいから息子のぱっと明るく咲く笑顔を見たかった。

最後の大会、息子は相変わらずスタンド応援。応援席に並ぶあの子の顔はつらくてつらくて見ていられませんでした。

チームは強豪校に敗れ、息子の代が終わりました。ふとスタンドを見たら、とてもつらい顔をしていて。あぁ、こんな戦いたがっていたあの子が試合に出る姿を見たかったなとあらためて思いました。


あこがれていた高校野球が終わりました。

最後の最後まで、うまくいかずに終わりました。やってもやっても報われない。「こんなんじゃやってられない」と投げ出してもおかしくないのに、息子はよく腐らずに最後までやりきったな、と思いました。

主人も私も役員をしたり、お手伝いでグラウンドに行ってはいろいろと選手たちのサポートをしていました。そんななかだったから、プレッシャーもあっただろうし、逆に、投げ出すこともできなかったのかなって思います。

引退して八カ月、息子の高校の卒業式に行きました。三年前、入学式をしたところと同じ会場。そこに来るのはそれ以来のこと。

入学式当時のことを思い出しました。

と、ふと。その風景を眺めながら、息子にこんなことをいいました。

「三年前、ここを通ったときは、夢と希望に満ちあふれていたよね」

これからやりたかった高校野球がはじまるということでやる気がみなぎっていたし、はつらつと、イキイキとしていたんです。

半分、笑い飛ばそうとしたのですが、半分、つらい気持ちが出てしまって。

息子は苦笑いしながら「あのころはね」といいました。私は涙が出そうだったけど、ぐっと、ぐっとがまんして、息子といっしょに笑っていました。

あと一カ月もすれば桜が咲きます。桜が咲けばまた、あの入学式を思い出すだろうし、これから野球シーズンがはじまれば、またあのつらい日々が思い出されるのだろうし、夏の甲子園がはじまれば、もっとつらい思いがつのるのかもしれません。

卒業式には息子から手紙をもらいました。次のような内容でした。

母へ
高校卒業を機に手紙を書きます。

高校での三年間は短く感じましたが、実際は非常に濃く充実した三年間でした。

まずいちばんに伝えたいのは、小学一年生から高校三年生まで約一二年間野球をやらせてくれてありがとう。

現役のときは毎朝起こしてくれたり、朝食から夕食までしっかり栄養を考えてつくってくれたり、車で学校まで送ってくれるときもあって、本当に迷惑をかけたと思いますが、おかげさまで心身ともに成長することができました。

今でも朝起こしてもらうようなときもあり、まだまだ未熟者ですが、この野球生活を通じて、生きていくための社会性や人間性を身につけることができ、養ってきたものは、一生ものだと思っています。

これから先もいろいろ迷惑をかけると思いますが、恩返しができるように努力精進します。一八年間育ててくれてありがとう。

これを手にして、こっそり泣いてしまいました。私なんかより、息子はずっとつらかった。でも、多くのことを学べた三年間だった。応援し続けて本当によかったです。

進学する大学には野球部があります。

でも野球は……「もうやらない」と息子。

あれだけ野球が大好きだった子なのに、野球から離れてしまうんだと思うと、とても複雑ですが、いつか、この経験が生きることを信じています。

そして、息子がここまで続けてこられたことで、親子ともどもたくさんのかけがえのない仲間に出会えたこと、すばらしい経験をさせていただいたことに、とても感謝しています。

このお話を読んで思ったのは、「世の中には一生懸命やっても報われないことがある」ということ。

ただしそれは、ほとんどの場合で、先ほども述べたが「戦略がまずい」ということだ。まずい戦略のままいくらやっても、うまくはいかない。それよりも、戦略を少しでも変えれば、とたんにうまくいくというのはよくある話だ。

この本をお読みのみなさんには、「戦略」の重要性をもっと知ってほしい。というのも、多くの人は、ただがむしゃらにやることに価値を見出し、それ以外は重要視しない。一生懸命やったから悔いはないと、すぐにあきらめてしまう。

確かに一生懸命やることも重要だが、戦略を変えるだけでうまくいくなら、そのほうがよくはないだろうか？

このお話の主人公は、高校の三年間を通じて、そのことを実感したのではないかと思う。

Story 7

プロ野球選手の弟

――プロ野球選手になる兄の存在を、プレッシャーに感じるなかで

ぼくは男ばかり三人兄弟の末っ子として生まれた。高校球児だった父の影響で二人の兄は野球をやっていた。そのため、ぼくも小さいころからグラウンドについて行っていて、小学一年から少年野球チームに入団した。

昔は二人の兄にちょっかいを出されて、よく泣いていた記憶がある。今、思えばかわいがられていたんだろうけど。兄の年は七つ上と四つ上。この差は結構、大きい。二人が何か話していると、大人の会話に聞こえた。いつもその会話に入れず、一人だけ置いていかれて蚊帳《かや》の外にいるようだった。

四つ上の次兄が中学生のとき、シニアの大会で二打席連続ホームランを打ったことがあって、それが新聞に掲載された。ぼくが次兄に対して初めて「すごい！」と思ったのはそのときだった。

その兄はぼくが小学六年のとき、遠くの高校に進学した。どうも高校野球の名門校らしい。

兄ちゃん、そんな高校に行くんだ。すごいな。

ぼくも少年野球チームに入っていたけど、年が四つも違うと、兄が野球をしているところはあまり見た覚えがない。だから、兄がどんな選手かなんて具体的にはよくわからなかった。

でも、その後も「すごい」の連続だった。

名門校に行った兄は、高校一年の夏からベンチ入りした。先輩たちがいるのに一年秋から四番を打ち、大会でホームランも打っていた。二年春。兄は大会で打率五割をマーク。場外ホームランも打って、それがなんとユーチューブに載った。そして、新聞記事には「来秋のドラフト候補」なんて見出しも出るようになった。

え？　そう見られているんだ。すごいな。ぼくの兄ちゃん、そんな選手なのか。

でも、ぼくにとって、兄は兄。不思議な感じだった。

二年の夏には甲子園に出場した。地方大会の準決勝と決勝を観に行ったけど、甲子園出場が決まったときは鳥肌が立った。小さいとき、兄弟三人で甲子園をテレビで見ていて、「いいな、行きたいな」という話をしていたからだ。


兄ちゃん、あの舞台に行くんだ。甲子園が現実になるんだ。

気持ちが高ぶった。でも、あれ？　なんだか違う。なんだろう……。

兄はどんどんかけ上がっている。ぼくから離れていく感じがした。


二年秋には全国優勝もして、ほかの高校の有名な選手にまじってほとんどの野球雑誌に取り上げられはじめた。野球雑誌の表紙も飾った。

兄はその世代を代表する選手なのか。

よく打つし、足も速くて守備もいい。このころには、ユーチューブにもたくさん動画が載るようになり、ぼくは兄みたいな選手になりたいと思うようになっていた。
ただ、このころからそんな兄の弟であることが悩みとなりはじめた。

弟――。

それを初めて意識したのは小学六年の冬だった。兄がプレイしてたシニアに入団するため、体験に行ったときだ。すでに高校で活躍しはじめていた兄。シニア時代の実績もある。だから、先輩からも指導者からも、「弟か」という視線を感じた。

こんなに人から見られるなんて……。
ぼくは足が速かったこともあり、体験時の八〇メートルダッシュで速い組に入れてもらった。それはうれしかったけど、〝弟〟という視線はうれしくなかった。
そういうふうに見られるんだ……。

でも、自分は自分だ。

中学一年の四月に入団すると、最初は普通に楽しかった。

ところが、あるとき、突如として重圧が襲ってきた。周囲がどれくらい、あの選手の弟と見ていたのかはわからないけど、プレッシャーを感じた。

甲子園に出ている兄ちゃんのようにならなくちゃ。

弟として、はずかしくないようにしなくちゃ。

完璧にやらなくちゃ。

そんな思いが出てくるようになった。自分でも兄のようにできないとイヤだったし、兄にはずかしい思いをさせられない。そんな一心だった。

中学一年の秋から一学年上にまざってメンバー入りしたけど、プレッシャーもあったし、先輩のレベルも高くて思いきってプレイできなかった。

なんで兄ちゃんは活躍していて、オレはできないんだ。

どんどん、思い込みが強くなっていった。何かきっかけがあったわけじゃない。兄の活躍を聞いたり、あの兄の弟という雰囲気からぼくのなかでその思いが増していった。だから、エラーをすると、「ミスをしちゃいけない」と自分を追い込んでいった。

なんで、オレはこんななんだ。兄ちゃんには才能があるのに――。

センターの守備位置にいて打球が来ると、「あ、来た。来ちゃった」とオドオドした。守備でこんなサマだから、バッティングにも影響した。いいときはいいけど、悪いときは悪い。調子の波があった。レギュラーをつかんだと思ったら、外されたこともあった。

野球が楽しくない。

失敗することにおびえながら野球をする日々。でも、やめられない。ドラフト候補の兄の弟。そんな周囲の目も気になったし、何より、両親がぼくにも期待してくれていた。野球をやめたら、親不孝だ。親を悲しませるわけにはいかない。今、思うと、このときにがんばることができたのは親のおかげだ。そして、自分の可能性を信じてくれたシニアのコーチもいたから。

でも兄は、どんどんすごくなっていく。ぼくはその弟。なんで、こんな人生なんだ。

ある夜、素振りをしていると、ジワジワとこみ上げてくるものがあった。

なんで、兄ちゃんの弟なんだよ。

もっと、楽しんでやりたい。

オレだって、楽しく野球をやりたいよ。

いろんな感情が一気にあふれ出した。そんなとき、いっしょに泣いてくれたのは上

の兄だった。

応援し、励ましてくれる家族の支えはあったけど、高校野球で活躍を見せる次兄へ

のコンプレックスはぬぐえなかった。

高校はいくつか見学した。中学二年の冬、シニアで志望校を聞かれたときは兄が行っている高校名を答えたけど、ぼくにはほかの小さいころからあこがれていたユニフォームがあった。最終的にはその二校に絞った。

両親は兄の高校にぼくを行かせたがっていた。兄からも「いい監督だし、設備もいい。練習も厳しくない」と聞いていた。

でも、ぼくのなかでは同じ高校に行ったらさらに比べられるのではという思いがあり、そちらが勝《まさ》った。もう、兄へのコンプレックスと向き合いたくなかった。

ユニフォームがカッコいい。そう思っていた高校はぼくが中学三年のとき、地方大会の決勝まで進み、甲子園まであと一歩だった。高校野球をやるからには甲子園に行きたかった。兄の高校は甲子園常連だったけど、ぼくがユニフォームにあこがれた高校も野球の成績がよかったので決心した。

父はぼくが兄の高校を選ばず、ショックだったみたいだけど、「がんばれ」といってくれた。

兄とは別の高校を選んだものの、高校に入るときもプレッシャーだった。ぼくはこのとき、「プロ野球選手の弟」になっていたからだ。ぼくが中学二年の秋、兄はドラフト指名された。

プロに行っちゃったよ。

騒がれていたけど、そこまでの選手なんだろうか、と思っていた。だから、実感はわかなかったし、不思議だった。ぼくが小学六年のとき、高校に入った兄。正月くらいしか帰ってこなかったから、兄弟だけど、どこか兄弟っぽくない感じがあった。

でも、ぼくは兄が憎いわけじゃない。嫌いでもない。兄がプロから指名されたこと自体はよかったなと思った。ただ、兄の活躍が同じ野球をする者としてプレッシャーだったんだ。

高校に入り、徐々に周囲は兄がプロ野球選手であることに気づいた。スポーツ新聞の一面を飾ったこともあり、それは素直に「すげぇ」と思った。

でも、ぼくはまだ野球に対して消極的で、ミスをしてAチームから外されたことがあった。兄は二つ上の先輩がいるときから公式戦のベンチ入りをしているのに、ぼくはAチームですらない。

一年秋はボールボーイだった。試合を観に来た家族にそんな姿を見られるのがはずかしかった。ボールを投げることも怖くなっていた。

高校二年の春、メンバー入りを果たしたのに、六月に右肩を痛め、夏のメンバーからは外れた。地方大会の決勝で負けて自分たちの代になると、ぼくは副キャプテンになった。

まだまともにプレイできないのに、いいのだろうか。

新たな試練がはじまった。秋の大会は三塁コーチャーを務めた。三回戦で敗れ、秋が終わると、肩が治ったぼくはセンターのレギュラーとして試合に出はじめた。

ところが、冬の強化合宿を前に、今度は足を痛めた。朝から晩まで厳しい練習が続くなか、副キャプテンなのにすべてのメニューをこなせない自分にイラついた。

追い打ちをかけるように、三月には右ひじが悲鳴をあげた。大きな病院へ行くと疲労骨折の手前でじん帯も痛めていることがわかった。監督に報告すると、「三塁コーチャーが大事になってくるから。任せていいか」といわれ、「はい」と返事をした。

葛藤はある。

でも、くやしい気持ちを押し殺して、チームのためにがんばろう。

春になると、ぼくのチームは練習試合であまり負けなくなった。

強豪校にも勝ち、自信がついてきた。

迎えた夏。初戦はリードを許してあせった。ベンチでキャプテンと「オレたちの夏、終わっちゃうのかな」なんて話していたほどだ。でも、なんとか逆転勝ちし、そこからは順調に勝ち進んだ。ピッチャーもバッターも調子がよかった。決勝も制し、ついに高校野球ラストチャンスでぼくのチームは甲子園出場を手にした。

度重なるケガに日々の練習。自分と向き合う時間が増えたことや、精神的な成長もあったのかもしれない。高校二年のころには兄に対する感情も変化していた。コンプレックスはいつの間にか消え、兄は純粋に尊敬する存在になっていた。

甲子園練習でみんながバッティングをしているとき、ぼくはライトの守備位置にいた。兄のポジションはセンターだったから、右を向いたとき、「兄ちゃん、ここに立っていたんだ」とアルプススタンドから観た兄の姿を思い出した。

打球が来た。あれほどイヤだった打球を追いながら、「甲子園を走っている」というワクワク感で心が躍《おど》った。
練習後、記者に囲まれた。「どうせ、兄ちゃんのことだろ」と思っていると、やっぱり、「お兄ちゃんと同じ甲子園に立てたけど」という質問をされた。でも聞かれてもイヤな感じはなく、素直に「よかったです」と答えた。兄は一軍のスタメンで試合に出るようになっていた。活躍してくれていることに、「ありがとう」と思った。

大会中は指導者や一塁コーチャー、手伝いの部員と夜遅くまで相手チームのデータ分析もやった。試合中は三塁コーチャーをした。そして、代走として甲子園のダイヤモンドを二度走った。
一度目は準々決勝。二度目は準決勝だった。リードされていた九回。代打がヒットを打った。心の準備はしていた。監督は三塁コーチャーのぼくを指して「行け」のジェスチャーをした。

来た！

ホームに還れば同点だ。バッターが外野の間を抜く打球を打って、ホームまで還るイメージをした。だけど、打球はまさかのショートゴロ。終わった、ゲッツーだ、と思った。ところが、その打球を相手のショートが弾いていた。

え？

サードに行けると思ったぼくは三塁ベースをめがけて走った。三塁コーチャーを見ると、手を回している。

え？

頭は真っ白。ただ、ホームに還ることだけを考えて、三塁ベースもけった。

来ない、来ない、来ない、来ない。

次の瞬間、ホームベースは左手で触れないとアウトになるかもと感じ、ぼくは頭からホームに突っ込んだ。音が、聞こえない。

一瞬、ときが止まった。

次の瞬間……。


ワーーーーッ。


地鳴りのような歓声。球審の両手が広がっていた。同点。結局、延長で敗れたけど、ぼくの高校野球はちょっとだけ延びた。

兄は甲子園ベスト8が最高成績だったけど、ぼくはベスト4。

チームメイトのおかげもあって、兄のチーム成績を超えることができた。

小、中、そして高校の途中までは兄を強く意識していた。自分で自分の首を絞めていた。何でも完璧にやろうとした。「自分は自分」と思いながらも、兄の存在を重石《おもし》にしていたような気がする。でも、考えが大人になったのか、あのころの感覚が消えた今の「自分は自分」という思いは、なんだか軽やかですがすがしい。

正直、兄の弟じゃなくて、ただの野球少年の人生も送りたかったという思いもちょっとはある。でも、今は兄が兄でよかったと思っている。

兄ちゃんはあこがれの存在です。

今は胸を張って、そういえる。自慢の兄。野球選手としてすごいし、兄としてはやさしくて、カッコいい。

兄ちゃん、大好き！

兄弟というのは、難しい。ぼくも弟がいるから、よくわかる。

ぼくの弟は、ぼくとは違って、まわりの人と仲がよく、友だちが多い。ぼくは子どものころ、そんな弟と比べられて、よく叱られていた。だから、くやしくて、弟が悪いわけではないのに、無視をしていたときもあった。

だけど弟は、そんなぼくにわだかまりを抱かず、今では仲良くしてくれている。大人になってからはいっしょに飲みに行ったりして、お金がないときはおごってくれたりもした。

紆余曲折《うよきょくせつ》はあったけれど、弟がいてよかった。それは、ピンチになったとき、なんだかんだと助けてくれるからだ。

それに、大人になると子どものころの自分を知ってくれている人も少なくなる。

だから、それだけでも有り難く思うようになるのだ。

Story 8

父と娘

――父が教員をしている高校の甲子園出場を観て……

ここが甲子園か、は～……。

中学三年に上がる直前の春休み。私は選抜大会を観るために甲子園球場に行きました。ゲートを入り、目の前にグラウンドが広がった瞬間、圧倒されました。

私が応援していたのは、父が監督を務める高校です。父は私立高校の教員で、野球部の監督をしています。高校の敷地内に部員たちが生活する寮があり、寮の隣りに私たち家族が住む家（社宅）もあります。

私は生まれたときからここで育ちました。

物心がついたときから野球部員は「身近なお兄さん」。

野球部のお兄さんたちがいるのが普通。ユニフォームを着ている父が普通でした。

授業が終わると、父と野球部員は高校からバスでグラウンドに向かいます。平日は練習、土日は試合。父はあまり家にいないイメージでした。これは母から聞いた話ですが、父はいつもバスを運転しているため、幼かった私は父が「バスの運転手」だと勘違いしていたようです。

でも、小学生になると、なんとなく、父が野球の指導者だとわかってきました。父が学校の先生でもあることも、環境で悟りました。

校舎に向かう坂の途中、校門の前に寮と私の家があります。私は小学校に行くため、坂を下りますが、高校生のお兄さん、お姉さんたちは坂を登ってくる。「おはよう」と声をかけてもらっていましたが、新入生には毎年のようにビックリされました。

なんで、高校を小学生が通っているんだ、中学生が通っているんだ、と。

外で遊ぶときは学校の駐車場が〝庭〟だったので、友だちにもおどろかれました。ですが、私にとっては、これが普通でした。

試合には小さいころから応援に行っていたものの、野球場は私にとって、格好の遊び場という感じでした。試合そっちのけで遊んでいて、隣りに住んでいるお兄さんたちが野球をしているなというくらい。

野球は身近なスポーツとはいえ、父が家に野球を持ち込むタイプではないからでしょうか。野球に強い関心があったわけではありません。中学でソフトテニス部に入ると、野球を観る機会も減っていきました。

野球がグッと近くなったのは、中学二年の秋。父が監督を務める高校が、秋季大会を勝ち上がったのです。中学校の野球部の先生が試合の結果と「あと何回、勝ったら甲子園に行けるんだよ」と教えてくださいました。そして、センバツ出場校が決まる日。私は授業中、ソワソワしていました。

授業が終わると、野球部の顧問の先生が急いで教室に来て、出場が決まったことを知らせてくださったのです。

部活を終えて帰宅すると、父に「おめでとう」といいました。

父はうれしそうでした。

三月。母と妹、そして祖父母と甲子園へ。外観を観たときは、テレビで観たなという程度でしたが、グラウンドを観た瞬間、ここが甲子園なんだと圧倒されました。目の前では父がシートノックを打っています。私は野球素人なので、「え？　ノック、できるの？」と思ってしまいました。今、思うと、はずかしいんですけどね。小さいころ、野球場は遊び場だったし、中学生になると部活があり、観に行く機会がなかったので、父がノックを打つ姿は不思議でした。

父の高校は初戦で敗れ、私も地元に帰りました。すると、「すごかったなぁ」「甲子園っていいな」という思いがわき上がってくるようになりました。

父は高校時代、甲子園に出場しており、家には甲子園出場時のパネルやメダル、記念品が置いてあります。祖父は野球の審判員をしており、やっぱり、私にとって野球は身近なスポーツでした。それでも、甲子園球場を訪ねるまではどこか遠かった野球。

それが、甲子園によってその距離が近くなりました。

甲子園、いいな。
高校生になったら野球部のマネージャーで甲子園に行きたいな。
まさか、こんなふうに私も甲子園に行きたいと思うようになるとは。

私は高校の敷地内で育ったとはいえ、「高校」を初めて意識したのは中学一年の三者面談でした。担任の先生から「志望校は決まっていますか?」と聞かれたのですが、答えられませんでした。

母もあせったのか、三者面談の帰りに市内の高校をまわりました。ここが〇〇高校、ここが△△高校……、と教えてもらいました。そして、最後、うちに到着すると、「わかっていると思うけど、ここも高校だからね」と。

このときから、いろんな高校の特徴などを調べ、私は行きたい高校を絞りました。それは、父が勤める高校ではありませんでした。

中学三年の夏、学年最初の三者面談がありました。これまで三者面談は母と行っていましたが、いきなり父が登場しました。父は「ほかのお子さんをお誘いしている立場なので、うちの高校に進んでほしい」といいました。

あ、そっか――。

高校の敷地内で育った環境が当たり前すぎて、考えたことがありませんでしたが、父の高校でも生徒募集をしているんですよね。確かに、いちばん近くに住んでいる私がほかの高校に行くのってどうなのかな。そうは思ったものの、私はほかの高校を希望していたので、意見が分かれて終わりました。

二度目の三者面談は秋でした。その前に野球部の顧問でもある担任の先生に相談しました。高校では野球部のマネージャーをやってみたいこと、志望する高校のこと、父の仕事のこと。このころには、父の勤める高校に進もうと考えるようになりました。

担任の先生の助け舟もあり、私は父に高校野球のマネージャーをやりたいといいました。私は本気でしたが、父はおどろいていました。マネージャーができるかどうかは決まらなかったけれど、私は父が勤める、そして私自身が育った高校を受験することになりました。

野球部のマネージャーをやりたい。進むのは、父の高校。

でもそこにはハードルがありました。

それは、過去に女子マネージャーがいなかったことです。

願書の志望動機には、勉強と部活を両立し、野球部のマネージャーとして選手を支えて甲子園に行きたいと書きました。面接では選抜大会で得た感動をまじえ、マネージャーをしたい理由を話しました。面接した先生からは「これまでいなかったので、どうなるかわからない」といわれましたが、私の思いは伝えました。

高校に合格し、入学する前。父から「本当にやる？」と最終確認をされて、「やる」

といいました。選手は入学式の翌日から練習に参加していましたが、私がグラウンドに初めて行ったのは四月の終わりごろです。ある日学校が終わり、家に帰ると、父からさらっと「行くよ」といわれました。え？　と私は一瞬思考が停止しました。

「何ていった？」

「球場に行くよ」

急いでジャージに着替え、準備をしてバスに乗りました。部員にはおどろかれ、はずかしかったです。待ちに待った日でしたが、バスのなかで、どうしたらいいんだろうと思っているうちにグラウンドに着きました。初日は部長先生から仕事を教えてもらい、マネージャーとしての第一歩を踏み出しました。

毎日が発見でした。こういうプレイがあるから、次につながっているんだ。こういう練習をしたらこううまくなるんだ。

今まで野球の外側しか知りませんでしたが、選手の努力や過程が見えました。ルールもスコアの書き方も部長先生やコーチに教えていただき、徐々に覚えていきました。選抜大会でベンチに入ってスコアを書いている他校の女子マネージャーを見て、こういう役割もあるんだと思ったのですが、実際にやってみると難しい。

簡単にできることじゃないんだ——。

マネージャーは支える立場ですが、支えてもらってばかりだったなと思います。うちの高校は女子マネージャーがいなかったため、同地区のマネージャーさんに相談に乗ってもらったこともありました。練習試合の相手校のマネージャーさんとも知り合い、友だちの輪も広がりました。選手とのコミュニケーションに戸惑いましたが、先輩選手たちが積極的にコミュニケーションを取ってくれて、徐々に同級生の選手とも打ち解けていけました。保護者の方々に手伝っていただくこともありました。

三年夏、地方大会の準決勝で敗れ、甲子園にたどりつくことはできませんでした。

でも、最後の試合は選手がイキイキしていたので、それがよかったなと思います。選手が泣いている姿を見て、つられそうになりましたが、自分の仕事を全うしてから思いっきり泣こうと決めました。片付けや掃除をして球場を出ると、みんな、私が来るのを待っていてくれて、しかも集合写真の真ん中に入れてくれました。試合直後に泣いていたみんなの顔は晴れやかで、そしていってくれました。

「ありがとう」

普段、ありがとうなんて口にしないのに。帰りのバス、私はいろんなことを思い出し、泣きっぱなしでした。

高校一年秋から父の隣りでスコアを書き続けました。小さいころの、父といっしょに過ごした記憶はあまりありません。一八年間生きてきたなかで、高校三年間は父ともっともいっしょにいた時間になりました。いい時間だったなって思います。父のいろんな姿を見ることもでき、野球を通じて、共通の話題もできました。

私はマネージャーとして甲子園に行くことはできませんでした。いつか、後輩たちと父にはもう一度、甲子園に行ってもらいたいです。私は親子だから甲子園に行きたかったわけではありません。選抜大会を観たことをきっかけにマネージャーとして甲子園に行きたいと思い、志望した高校の監督が父だっただけ。

だから、夏の地方大会で敗れた後、くやしくて甲子園は観ていません。自分のチームがいちばんですから。

後輩たちには「がんばれ」とはいえません。がんばっていることは知っています。だから「がんばれ」というより、ちゃんとやっているのだから大丈夫、そう伝えたいです。

そして、またいつか、父が甲子園でノックをする姿を見てみたい。

そう思っています。

三者面談には、ぼくにも思い出がある。高校一年生のとき、先生から「志望大学は？」と聞かれ、何も答えられなかった。

ところが、家に帰って父から「東京藝大建築科に行ってみたら？」とすすめられた。というのも、父も同じ大学の同じ学科で、行ってよかったという気持ちが強かったからだ。

そこでぼくは、ほんの軽い気持ちでそこを受けてみようと思い立ち、最終的にその大学へ進んだ。ただ、大学に入ってから「自分は建築に向いていない」ということがわかって、結局その職業に就くことはなかった。それでも、大学へ行ったことに後悔はなく、今も「行ってよかった」と思っている。

人生は、どうなるかわからない。

だから、あまり計画を立てず、そのときどきのなりゆきに任せたほうが、案外うまくいくような気がしている。

Story 9

恩師との苦い思い出

——高校卒業から数十年、野球部員だったときのある場面を思い出す

夏が近づくたびに、高校時代の恩師との一場面をふと思い出します。

大会直前の夕暮れどき、その日最後のミーティングがはじまりました。

監督は野球経験はあまりないものの、静かなる闘志を秘めた先生でした。

以前こんなことがありました。県内唯一無二の強豪校との練習試合。ゲーム前のシートノックで外野からの悪送球から、女子マネージャーをかばうために先生は左の素手で直接捕ってしまいました。たぶん相当な痛みを伴ったはずですが、顔色ひとつ変えませんでした。その瞬間だけグラウンドが変に静まりかえったのを覚えています。

ミーティングで先生を囲んでいちばん後ろの私の右隣りにいた一年生部員が、不意にぎこちなくゆれ出しました。当然、私以外の他の部員は集中して耳を傾けているのでだれ一人として異変に気づきません。「どうしたんだろう」と横目で見ると、坊主頭から汗がふき出し顔を真っ赤にしながら身ぶるいしているのがわかりました。

とそのとき、泥だらけのユニフォームの下とストッキング、スパイクが徐々にぬれ出しはじめました。もらしてしまったのでした。

県中学校優勝チームの控え選手だったその一年生は、監督ミーティングの重要性をたたき込まれています。上下関係の絶対性も知っています。だから、いうにいえず、ずっとがまんし続けながら生理現象と闘っていたのでしょう。とうとう限界を超えてしまったのでした。そんな後輩の様子が私にはおかしくてたまりませんでした。みんなに気づいてほしくて周囲を見回したりもしました。

ところが集中しているほかの部員は、結局気づきませんでした。ミーティングが終わり、当の一年生部員は、何事もなかったかのようにグラウンド整備にまわりました。私は部室で早くこのできごとをみんなに教え、大笑いしてやろうと思っていました。

と、そのとき、背後から先生に急に呼び止められグラウンドの片隅に行くよう命じられました。歩きながら「おい、○○」の声に私がけげんそうな顔つきでふり向くと真後ろにいた先生は目に涙をいっぱいため、「お前はあいつの気持ちがわからんのか。なんであいつを思うまわりのヤツらに気づかないんだ。お前はそれでも○○高野球部か」と右頬への衝撃とともにどやしつけられました。一瞬のできごとでした。その後先生は何もいわず、すぐに職員室へと戻られました。

先生はきっと、私の態度で察したのでしょう。残された私はがく然としました。「みんな気づいていたのか。わからないふりをしていたんだ。それなのにオレはそれを笑いのネタにしようとしてたのか」

私は自分に対しての嫌悪感でいっぱいとなりました。

ただ、そんな恩師との苦い思い出も私の心のなかだけのことでした。

今からもう数十年前のことですが、最後の夏に負けたくやしさより、仲間と後輩へのはずかしさ、先生の涙が頬の痛みとともに心に焼きついて離れませんでした。

先日、偶然にもある会合で、卒業以来初めて先生にお会いする機会がありました。

私は高校教諭となり、野球部の顧問をしていて、先生は現在は県教育委員会の要職につかれていたからです。

なつかしく野球談義をするなかで私が思いきって、「先生はお忘れになったかもしれませんが、自分にとってあの場面がいちばんの思い出なんです」と話したところ、先生は少し驚かれた様子で、「そうか、覚えてくれていたのか。救われたな」と感慨深げにおっしゃいました。

先生にとっては若さゆえの指導と心の痛みをともなって、今までずっと胸にしまっておかれたできごとだったそうです。

また、先生は「こういう形にせよ、一人の教え子が教訓としてくれてたことは教師として報われるよ」ともうれしそうにいわれました。

お互いだれにも話すことのできなかった苦い思いを、偶然とはいえ、当事者同士が語り合うことができたのでした。思い出は個人だけのものでは決してなく、立場こそ、思いこそ違え、知らずに共有できるものでもあるのだと知りました。

私はあのときの恩師と同じ立場で、球児との夏への思いをこれから共有し続けていくのかもしれません。

みなさんは、失敗についてどう思うだろうか？

「失敗をするのが怖い」という人は多いだろう。あるいは、他者の失敗を許せない、という人も少なくないのではないだろうか。

しかしぼくは、今の世の中は失敗に厳しすぎる、と思っている。失敗した人はとことん責めてもいい——そんな風潮も、行きすぎだと感じている。

なぜなら、失敗に厳しすぎることは、世の中を悪くするからだ。というのも、このお話にあったように、人が成長するのは、失敗したときだけだ。

主人公も、隣りにいた後輩も、そして先生も、このときの失敗があったからこそ、大きく成長できた。

このお話は、失敗に対して寛容になることこそが、最終的にいい結果を生む——ということを教えてくれていると思う。

Story 10 被災して

——福島で被災しトラウマをかかえながら、野球を続ける

福島の、飯舘村《いいたてむら》という小さな農村部で生まれたぼく。四歳のとき、両親が離婚して、母が、兄、姉、兄、ぼくの四人を一人で育ててくれました。

母は調理師として老人ホームで働いていましたが、余裕はまったくなく、家賃数千円の村営住宅で家族五人、寄り添い支え合いながら生活。

母が老人ホームで余ったおかずを家に持ち帰らせてもらい、それをぼくらは食べていました。いなくなった父方の祖父母が農家をしていて、お米をいつも運んできてくれたのも本当に助かっていました。あれがなかったら、どんなことになっていたんだろう……。

何もない村だったけど、自然は豊かで、いつも川に行って釣りをしたりしていたかな。あとは、近くの公園に集まってサッカーや野球をして遊んでいました。

少年野球をやっていたいちばん上の兄ちゃんの練習によくついていっていたぼくは、小学二年生になったとき、そのチームに入団。生まれたとき、肺に水がたまっていて三カ月も病院で過ごすなど、幼少のころは体も弱かったのですが、野球をやっているうちに強くなり、小学六年生のころはチームでもいちばん運動ができるぐらいに。チームは弱かったけれど、友だちとやる野球は本当に楽しかったです。

中学生になっても、学校の野球部に入部。ひとつ上の兄ちゃんがピッチャー、ぼくがショートを守って、二人で活躍もして、久しぶりに県大会出場も果たしたりしました。

野球の楽しさも感じていた時期ではあったのですが、野球ってお金がかかるんですよね。グローブにバットにユニフォームに練習着にストッキングに、そろえるものがいっぱいで。でも、そんなときも、父方や母方の祖父母、おじさんたち(母の兄弟)が、ぼくたちに援助をしてくれて、それで野球を続けることができました。

みんな生活が大変だったはずなのに、ありがたかったです。

でも、兄弟でいちばん野球が大好きだった上の兄は、中学までで野球はやめることになりました。村でいちばん頭もよかった兄ちゃんは、村を出て、福島市のほうに行ってでも野球をやりたい高校があったそうですが、下宿するようなお金がわが家にはなくて。家から何十分かかかるけど、バスで通える高校に行くことになったんです。バスで通学するということは、部活はできません。都会みたいにバスが一時間に何本もあるわけではないし、夜遅くまでバスが走っているわけではないですから。

兄ちゃんは野球がやりたくてやりたくて、「こんな貧しい家に生まれなければよかった」と号泣したそう。後からその話を母から聞きました。

兄ちゃんは、中学時代、村の選抜チームに選ばれるぐらい野球がすごかったのですが、そのときも遠征に行くお金がなくて、その代表選手も断わらなければならなかったし、すごくくやしかったと思います。

そんな兄を見ていたので、中学時代、ぼくは卒業後どうしたらいいのかな、野球は中学までで終わりなのかな、なんとなく、そんなことを考えていました。

中学二年になり、ひとつ上の兄ちゃんの代のチームが引退して新チームになったとき、ぼくはキャプテンになりました。

ひと冬超え、三月一二日の春季大会開幕に向けて練習に励んでいました。開幕前日の一一日は兄ちゃんの学年の卒業式で、それが終わってお昼を食べて、さぁ明日に向けてがんばろう！　と校庭で練習をしていたとき、地面が横にゆれはじめました。

脇の体育館を見たら、屋根が大きくゆれていて、ぼくらは校庭の真ん中に集まりながらも、「すげー長いな」みたいな感じで顔を見合わせながら笑っていたんです、最初は。その直後、とてつもない大きなゆれが来て、立っていられないほどに。ものすごい恐怖でした。

母とすぐに連絡が取れて迎えに来てくれて、村中が停電していたので、自家発電の機械がある叔母の家に避難。

次の日に開幕予定だった春季大会も、連絡は当たり前にありませんでしたが、もちろん中止だろうと。

翌日、「原発が危ないらしい」「爆発するぞ！」という情報が入り、急いで福島市に避難しました。飯館村は、原発から近いですから。


それから二〜三週間、福島市や伊達《だて》市を転々としながらの避難生活。四月に入り、兄や姉たちの大学や高校では新学年生活がはじまりましたが、ぼくの通っていた飯館中学は再開のメドが立たず、何もやることがなく、ボケーッと過ごす毎日でした。

避難先近くの中学校に転校することもすすめられたけれど、ぼくは知らない人たちと接するのが苦手で、どうしてもそれができなくて。そのうち、飯館中学が川俣町《かわまたまち》にまるまる移転することになり、避難先の福島市からバスで一時間ぐらいかけて川俣町まで通うようになりました。

でも、そこでいわれたのが「今年はこの状況なので部活は行いません」。みんな避難先から一時間ぐらいかけて川俣町まで通ってくるわけだし、校庭もないし、放射能のこともあるし、そりゃそうですよね。

そのとき、「あぁ、オレの野球、終わったな」と思ったんです。もともと野球は兄の影響ではじめただけだし、それでもいいやって。

そのころ、正直、野球だけじゃなく、何に対しても興味がもてなくて、何もしたくなくて。ちょうどスマホを買ってもらった時期でもあったので、毎日スマホをいじってなんとなく過ごしていました。受験生なのに、勉強する気もないし。

目標も、希望も、すべてを失っていたんですね。

でも、そんなぼくを救ってくれたのは、野球でした。ひとつ上の兄が四月から福島市内の高校に入学して高校野球をはじめ、その試合を観に行くようになっていたんです。兄ちゃんの高校もよかったけれど、その対戦相手の高校や、同じ球場で試合をしていた高校などにも魅力を感じたんですね、これ、カッコいいわ！って。

高校野球って、お客さんもいっぱいいるし、応援もスゴイし、なにしろ、選手たちが学校を背負って一丸となって戦うのがカッコいい。「今は野球できないけれど、高校に行ったら野球をやりたい、やろう！」と受験勉強をはじめることができたんです。

でも、今まで勉強もしていないから行きたい高校に受かる自信もないし、野球をやっていないから野球の推薦で入ることもできないし、高校に入れたとしてもついていけるかもわからないし、ただただ悩んで不安で。

そんなとき、あるスクールカウンセラーの先生に出会いました。福島出身で、子どもの心理について勉強されている方で、ぼくたちのような避難してきた中学生たちと真剣に向かい合ってくれる人でした。どん底だったぼくにいってくれたのが「キミの目は死んでないよ」。それと、「今、エネルギー、余ってるんだろ。だったら勉強しなさい。勉強していちばんいい学校に入ったら、人生変わるから」ともいわれて。そこからですね、やる気になったのは。

一日一〇時間ぐらい勉強して、夏休みにはその先生がやってくれる私塾にも通い、半年で成績をグーンとあげました。五教科二五〇点中一〇〇点ちょっとしか取れなかったのに、二〇〇点以上は取れるようになり、最高で二二四点までいきました。そしてぼくは、県でいちばんといわれる進学校に合格したんです。

その高校は、そこまで野球部が強いわけではなくて、野球をするなら甲子園常連の強い高校に行きたい気持ちもあったし、そこには行かなくても、兄のいる高校に行って再びいっしょに野球をやろうかなとも思っていました。ですが、願書提出日前日、兄と大ゲンカをして、兄のいる高校ではなく、県でいちばんの進学校に行く決断をしたんです。ライバル心もあったんですかね。

入学して、さっそく野球部に入部したけれど、一年間のブランクは大きくて、初日の練習で足がつる始末。身長は一七五センチありましたが、体重は六〇キロのガリガりだし、硬式ボールを握るのも初めてで、しばらくの間、練習についていくのがやっとでした。それでも、福島県代表として甲子園に出たい、そして活躍もしたい！ そんな思いを抱いて前向きに取り組みました。

その高校で出会ったのが、ぼくと同じく原発の近くで生まれ育ち、あの震災で福島市に避難してきた同級生のピッチャーです。彼は、ぼくよりも原発に近いところに家があり、地元には戻れないのですぐに福島市内の中学校に転校。野球部でバリバリ野球をし、さらに、勉強も両立してこの高校に入学してきた選手です。

同じ福島県沿岸部の「浜通《はまどお》り」出身ということ、お互い避難してきた者同士であることでいろいろ話をするうち、あの大地震が来なかったら、翌一二日の春季大会初戦で対戦するはずだった相手中学校のエースだったことも知りました。

そんなことから、彼との出会いには不思議な縁を感じたし、運命も感じました。

彼は、野球センスが抜群で、高校一年から早くもベンチに入って夏の大事な試合のマウンドを任されるようなピッチャー。それに対して、野球経験もほとんどなければ、野球センスもないぼく。中学時代にやっていたショートから、肩のよさを買われてピッチャーになったのですが、同学年にその彼がいる限り、自分はマウンドにはあがれない。

でも、その高校ＯＢで、大学野球でも活躍された方が練習を見に来てくださるようになってから、ぼくは変わっていきました。

その方が投手としてやるべき練習メニューを教えてくださったり、ウェートトレーニングの仕方を教えてくださったり。それをこなし、少しずつ力をつけていって、二年春には体重も七〇キロになり、スピードも一二〇キロ台から一三五キロにまでアップ。そのＯＢの方のおかげです。

それからも、着実に力をつけていったのですが、大事な試合で投げるのは、同級生の彼。二年春、二年夏と、少しずつは投げて好投しても、ぼくはバッティングを買われての外野手で出ることが多く、主戦として投げるチャンスはなかなか回ってきませんでした。

監督さんには、二年秋からの新チームに向けてぼくを隠しておく、という考えもあったそうですが、そんなことを知らないぼくは、投げさせてもらえないイラ立ちをもろに顔に出し、ときにふてくされたり、くやしがったり。子どもでしたね（笑）。

そんななか、その彼がひじを痛めてしまい、二年秋、ぼくは初めて背番号1をもらいました。初めてエースナンバーを背負い、初めて主戦投手として投げ、県北大会で優勝。県大会にも出場しました。

ところが、今度はぼくが肩を痛めて投げられなくなってしまいました。再びボールを握れるようになったのは、冬を越えた二月。

でも、逆に冬の間ずっとウェートトレーニングに専念できたからか、体重がさらに三キロ増えて七三キロ。フォームも安定し、三年春には、ずっと追いかけ続けてきた彼と、肩を並べるぐらいのピッチャーになることができました。

春の県大会二回戦では、九回を一〇三球で完封。球速も一四二キロが出て、次の試合の強豪高校のピッチャーを見に来ていたプロのスカウトたちも、バッグから急いでスピードガンを取り出し、ぼくの球速を計測しはじめたと聞きました。

三回戦で強豪高校に惜敗しましたが、ぼくらは夏の大会のシード権を獲得。まわりはぼくらを〝ダブルエース〟といい、「久しぶりにいいところまで行けるのではないか」と古豪復活を期待しました。

と同時に、ぼくら二人が原発近くから避難してきた球児ということで、テレビや新聞からよく取材されるようになりました。けれど、必ず震災とつなげて番組や記事がつくられるということに、ぼくは納得がいかなくて。被災したとかそういうのではなく、〝チームを勝利に導ける投手だから取材される〟という選手になりたかった。

迎えた高校三年夏。初戦となる二回戦の先発はぼくがいい渡され、三回戦が彼、四回戦がぼく、準々決勝が彼、そんなふうに監督からいわれていたなか、ぼくは初戦前夜、緊張して眠れませんでした。昔、あこがれてテレビにへばりついて見ていた甲子園。そこをめざしてのぼくらのスタートの試合。その大事な初戦で先発をするということで、気持ちが高ぶってしまって、今までにない感情がわき上がったんですね。

さらに、試合当日球場に行くと、立ち見が出るほどたくさんのお客さんがいて、それを見たら、ますます緊張がヤバくて。その緊張が投球にもろに出てしまい、四回までに三失点。終盤まで二対三となってしまったんです。ぼくは六回で降板し、彼にスイッチ。ベンチに座り、なかば茫然《ぼうぜん》としていました。

このまま負けてしまったらぼくのせいだ。

でも、八回裏、彼が打ってくれたんです、逆転二ランを！　その前からくやし涙が抑えきれなかったぼくは、そのホームランで、どんどん涙があふれ出してきて、彼がホームインするところが見えなかったぐらい。

そして、ベンチに戻ってきた彼は、泣きじゃくるぼくの背中をポンってたたいて、「次の試合も頼むよ！」と。ますます涙が止まらなくなりました。

ぼくが追いかけてきた彼は、ほんとにすごいヤツだ。

彼も震災で避難してきて、ぼくはメンタルがやられて何もしたくないと思っていた時期も、彼はそんな気持ちに負けずに転校先の中学校で活躍。県でいちばんの進学校にもしっかり合格し、一年から中心選手としてずっとチームを引っ張ってきた。

そして最後の大会でも、こうやって追い込まれた場面でしっかり結果を出す。肩を並べたと思っていたけれど、彼にはまだまだ敵わない。とてつもなくカッコいい男だと、あらためて感じました。

いつまでもそんな仲間と野球をしていたかった……。しかし、次の試合でぼくらは敗れました。

本当は、その試合ではぼくがリリーフのマウンドに立って彼を助けるはずだったのですが、ぼくは、その試合の数日前にねんざをしてしまい、歩くのがやっとの状況。彼にも申し訳ないし、仲間にも申し訳ないし、無念な高校野球の終わりでした。

そんな終わり方をしてすごくくやしかったのに、その日の夜、家族で夕飯を食べているとき、ぼくは家族に本心でない、こんなことをいってしまいました。

「オレ、やりきったから～後悔はないから。後悔先に立たず！　スッキリした気持ちだよ」と軽い感じで。

そしたら、突然いちばん上の兄ちゃんが立ちあがり、思いっきりぼくをぶん殴ったんです。

「お前にはガッカリだ！　お前、そんな軽い気持ちで高校野球やってたのか！　家族がどれだけお前を応援してたかわかるか！」

兄は歯を食いしばり、顔を真っ赤にしながら泣いていました。

ぼくは、最後に不注意もあってケガをして終わってしまった高校野球のくやしさを隠したくて、「悔いはない」なんて強がってしまったけれど、そんなぼくの態度が気に入らなかったんですね。今まで見たこともないような顔で激怒されました。

そうですよね。いちばん上の兄ちゃんは、家の経済的な理由で、下に弟や妹が三人いることもあって、高校野球をやることをあきらめたんですから。

高校卒業後、東京の早慶や一橋《ひとつばし》大など有名大学に行ける学力もあったし興味があったのに、それもあきらめて地元の公立大学に進学したんですから。そこでバイトをして稼いだお金でぼくにグローブやアンダーシャツを買ってくれて、すごく応援してくれていたのに。

そんな兄ちゃんからしたら、高校野球ができたぼくがとてつもなくうらましかっただろうし、最後、燃え尽きずに終わり、さらに、「後悔先に立たず」なんて軽くいわれたら、それは怒りますよね。

母に対してもそう。実はぼくが高校一年の冬、母はパニック障害になってしまい、仕事も家のこともできなくなってしまったんです。間違いなく震災の影響です。避難してきて苦しい生活を強いられ、それでもぼくらのために仕事をしまくって、家事もして、ぼくの弁当を毎日つくって。いっぱいいっぱいになってしまったんだと思います。

それなのに、そんな母にぼくは、「世間から逃げてるだけだろ！」なんて暴言を吐いていました。ぼくも、避難してきて、苦しいなかで野球をしていて、野球の結果も出なくて、ギリギリだったっていうのもあるけれど、それにしてもひどいことをいっていたなって。それでも母は、何もいわずにぼくを受け入れてくれていました。

そんな母とぼくのやりとりを知りながらもぼくを応援してくれていたいちばん上の兄ちゃんですから、負けた夜にぼくが吐いたひと言でブチ切れてしまったんだと思います。当然です。今思うと本当に申し訳なかったです。

それまで兄は「協力するから東京の行きたい大学に行け」といってくれ、ぼくが「東京六大学で野球がやりたい」といえば、「お前ならきっとそこでもできる。応援するからがんばれ」といってくれていました。けれど、「そんな情けないことしかいえないお前に野球をやる資格があるのか。現役で受かればいいけど、もし落ちても浪人はさせない」ということをいわれてしまいました。

それから半年後の大学受験では、センター試験の前期であえなく失敗。試験の後期で合格した東北の公立大に行くことになりました。野球はとても強いとはいえない大学。正直、浪人をしてでも東京六大学に行きたい気持ちはありましたが、兄の思いを踏みにじった発言をしたのだから、その公立大で兄の思いも感じながら野球を続けることにしたんです。

大学入学後は、やる気のない仲間に怒りが爆発してしまったこともあれば、自分が福島のそれも原発の近くで過ごしてきたことが急に怖くなり、甲状腺ガンになる可能性が人より高いんじゃないか、まわりからどう見られているんだろう、と精神的に自分を追い込んでしまい、何もできなくなった時期もありました。大学にも通えず、いつも引きこもり。

本当に本当にきつくてつらい時期だったけど、母が毎日電話をしてきてくれたり、ひとつ上の兄ちゃんも毎日ラインをくれたり、家族みんなのおかげでなんとか立ち直ることもでき、その後、地道な練習で球速も一五〇キロを出すまでになりました。でも、順調にいきはじめた矢先、ひじを故障し、大手術もしました。

今もまだ、今までのようには投げられない状態だし、この先、どうなっていくかはわかりません。でもぼくは、もう一回、家族に投げている姿を見せたいです。

手術をする前は、いちばん上の兄は福島から、ひとつ上の兄は東京から来て、ぼくが投げているところを見守ってくれていました。手術をした後も、変わらず応援してくれています。

最近になって、いちばん上の兄ちゃんが「あのときは殴ってごめんな」と謝ってきたんです。「オレがあのとき、一時的な感情でお前を公立大に行かせてしまったけれど、それでよかったのかな。東京の大学に行かせてやっていたら」とつぶやいて。

悪かったのはぼくなのに。

正直ぼくも、高校でともに戦った彼が、一浪して東京六大学に入り、神宮でバリバリ投げているのを見て、うらやましく思うこともあります。でも、彼のことはめちゃくちゃ応援もしているし、ぼくは自分で選んだ今の道を、ちょっとよろよろしながらだけど、ちゃんと歩いてる。だから、いいんです。

兄が中学のとき、「こんな家に生まれてこなきゃよかった」と泣いて叫んでいたように、ぼくも、生まれた家庭の環境をうらんだこともあったし、震災を経験して、一時期、トラウマに苦しみ、夢も希望もなくしたこともありました。

でも、ここまでやってこられたのも、ぼくに手を差し伸べてくれるだれかに出会えたからこそだし、愛情いっぱいの家族がいたからです。

だからこそ、もう一回、マウンドに立って、お世話になった人たちや、家族に感謝の気持ちを伝えたいんです。小さいとき、自分でつくった米を運んできてくれたじいちゃんに、いつもいわれていました。

「人にもらった恩は、二倍の感謝で返さなければならない」と。

今でも、人と接すること、関わることはすごく苦手だけど、でも、苦しいときに手を差し伸べてくれるのは、やはり、人。近い将来、高校時代をともに過ごした彼とともに日本野球界の最高峰のステージにあがり、お世話になった人たち、関わってくれた人たちに投げ合えるところを見せられたらって。

そして、今は苦しいなかで野球をしていますが、いつか、自分のために、楽しく野球ができる日が来るといいな、とも思っています。

そして、今まで支えてくれたみんなにいいたいです。

「本当にありがとう」と……。

「幸せって何だろう」と、考えたことはあるだろうか？

じつは、世の中にはそれについて専門的に考えている人がたくさんいる。そして、その答えもいくつか出ているのだが、なかにこういうものがある。

「人は、今ないものを得られると感じたときに幸福を感じ、今あるものを失うと感じたときに不幸を感じる」

たとえば、事故で手や足を失ってしまった人は、直後には不幸を感じる。今あるものを失ってしまったからだ。ところが、五年も経過すると不幸を感じなくなる。なぜかというと、五年後にはもう手や足を失った状態に慣れているので、「今あるものを失う」とは感じないからである。

つまり、幸せな人生というのは、たとえ少しずつでも「何かを得続ける」ということだ。

その意味で、たとえ少しずつでも成長し続けるというのが、いちばん幸せな人生なのだ。

Story 11
高校野球の理想とは？
――高校時代に抱いた、指導者への不満から

理不尽。

ぼくにとって高校野球は理不尽でしかなかった。もっとも思い出すのは二年春。その日は秋の新チームに向けて、紅白戦が行われていた。ぼくのポジションはキャッチャーだったけど、同級生には同じポジションの選手がほかに二人いた。ぼくはそのなかの三番手で試合に出られなかった。

コーチはしょっちゅういっていたはず。

「元気があって、一生懸命にやるやつを使うから」

自分でいうのもなんだけど、ぼくはあからさまに元気で一生懸命にやっているタイプだった。ベンチでは指揮を執るコーチの横でずっと声を出していた。キャッチャー以外ででも試合に出たいと思い、ベンチ前では内野手用のグローブでキャッチボールもした。試合に出るためのアピールをしまくった。

でも、コーチはそういうけど、結局、試合に出ているのはうまいヤツ。それも陰で練習をサボったりしているヤツらだ。

コーチのいっていること、矛盾しているだろ。ひどくないか。

気持ちが切れた。二年の夏を前に行われた紅白戦で、ぼくはベンチの奥でふてくされていた。試合が終わり、お昼に入るとき、コーチから室内練習場に呼び出された。

ぼくの態度が気に入らなかったようで、「なんなんだよ!」とビンタをくらった。

「いっていることとやっていることが違うじゃないか!」

ぼくは反発した。また、ビンタをくらった。コーチは「帰れ!」と怒鳴った。

そんなことがあった直後、寮の入り口に母がいた。ぼくは携帯電話をもっていなくて、連絡をとっていなかったからおどろいた。

「どうしたの？　顔、腫《は》らして」という母に事情を話した。

「ムカついた。オレ、間違っているのかな？」

試合に出ている選手はちゃらんぽらんなヤツらばかりだった。それなら、「うまいやつがレギュラーだ」といいきってくれたほうが、仕方ないと割りきれた。だけど、監督もコーチも「ルールを守れ」とか「守らないと使わない」という。

なんなんだ、これ。

矛盾と理不尽。ぼくのなかでグツグツと煮えているものがあった。それが爆発したんだ。母は「むかつくこともあるだろうけど、許してもらってきなさい」とあっけらかんとしていた。総監督も「謝ってこい」といい、丸く収められた。

二年夏のメンバー発表でも納得いかなかった。一年秋から控え内野手としてベンチ入りしていた同級生が、その夏だけ外された。ランナーコーチや代走、バント要員で使われていた選手だった。そんな彼がBチームに落ちてきて、ぼくとウォーミングアップをしていると、彼はコーチに呼ばれた。

「理不尽なこともあるから切り替えてがんばれ」

え？　理不尽の意味がわからない。ぼくらは高校野球に人生かけているんだ。野球が今のぼくたちにとって、人生のすべてなんだ。

なんで、この練習をしているんだろう？　と、練習にも疑問があった。とりあえず、ボール回し。とりあえず、長距離のランニング。指導者の満足としか思えないノック。気分よく打つだけのフリーバッティング。説明もなく、ただこなすだけ。選手は納得して練習していなかった。うまくなっている実感がないから楽しくない。

もともとの能力がある選手だけがのし上がっていく。

矛盾、疑問、理不尽。ぼくは悶々《もんもん》としていた。

中学までは野球が楽しかった。チームメイトと切磋琢磨《せっさたくま》し、試合に出ても出てなくても楽しかった。練習では、指導者の教えどおりにやると打てるようになったし、投げられるようにもなって、充実感があった。

そのころは、ぼくの高校のライバル校に行きたいと思っていた。試合を観たとき、その高校の空気にほれたんだ。そこでやってみたかったけど、強豪校は声をかけてもらえないと入れないものだと思っていた。

人の縁があって入った高校は、最初、先輩たちのレベルが高いなと感じた。体つきもよく、大人に見えて怖かった。

しかも、途中で挫折した先輩たちは、後輩にストレス発散のちょっかいを出す。

でも、ほかの高校がどんな感じなのかもわからない。比較対象がないから、おかしいとは思わなかった。練習はきつい、しんどい、やりたくない。毎日、五キロくらい走らされた。

一年秋。ぼくは練習の取り組みがチームでいちばんだと評価されてスコアラーとしてベンチに入った。大事な試合で、ぼくがサインの決断をしたことがあった。監督はサインを出すときにテンパる。「次、スクイズ、どう思う?」と興奮状態で聞かれ、「一球、待って、スクイズをやるべきだと思います」と答えた。それが決まり、試合に勝った。

一年の冬は戦力になれるようにがんばろうと思った。でも、冬が明けて一年間を客観的にふり返ると、やっぱりいろいろなことを「おかしい」と感じるようになった。

矛盾、疑問、理不尽。それらをかかえた二年春から夏。ひとつ上の代は秋も春もコールド勝ちしていたライバル校に地方大会決勝で、〇対一で負けて終わった。

やっぱりこんな環境では勝てないんじゃないか。

自分たちの代がやってきた。

たぶん、ぼくがキャプテンになるのでないかという雰囲気だった。

もし、ぼくがキャプテンになったら、この腐った高校を改革してやる！　直さないと！

ぼくの高校はトップダウンで監督、コーチがキャプテンを決め、選手の意見は反映されない。発表のときはドキドキした。でも、名前を呼ばれたのは、二年夏にベンチを外れた彼だった。監督、コーチはぼくに「キャプテンの肩書きがなくても、キャプテンのような仕事をするだろう」と思ったらしい。

キャプテンとはめざす方向が同じで、直したいと思っていたことがいっしょだった。コーチは大事なことはぼくにいってきた。練習やミーティングで、ぼくはキャプテンより出しゃばっていた。キャプテンはプレイでひっぱるタイプで、楽しくてカッコいいキャラだった。そんなぼくたちのバランスがよく、チームはうまく回っていた。

ぼくの改革のひとつは練習の「ボール回し」。ひとつのベースに一五人くらいが入って、反時計回り、時計回り、対角を二周ずつ、ノーエラーで回すというものだった。ぼくが一年生のときは昔からの伝統で、構えたグラブ付近から逸れたボールは捕らなかった。失敗すると、最初からやり直し。下手なヤツは責められた。だから、思い切ってボールを投げられなくなり、イップス（精神的理由などにより思うようなプレイができなくなること）が何人も出た。これが決まらないと次のメニューに進めない。何日も何日もやらされた。そんなノーエラーのボール回しが成功するまで約一カ月かかった。

こんな無意味なこと、改革しよう！

ぼくたちは下手な選手や後輩にどう声をかけるか。どうやったら投げられるようになるのか。投げる相手に対して、捕るほうはボールをどう呼べばいいのか。自分の順番を待つ間、肩を冷やさないように何をするか。一生懸命、考えた。たまたまの成功ではなく、根拠のある成功をめざした。これは、ぼくたちからすると大改革だった。

その成果で、一年前、約一カ月かかったノーエラーボール回しが、一週間で終わった。成功したときは鳥肌が立った。まるで優勝したかのような盛り上がりだった。

助け合いの心があれば、うまくなるかもしれない。

この成功体験から、指導者もぼくたちのいっていることを信頼しはじめてくれた。でも、選手から指導者への信頼はゼロだった。ぼくたちは指導者に文句をいわれないようにやろうとした。何か指摘されることも面倒だ。監督はあがり症で、興奮すると破茶滅茶《はちゃめちゃ》なことをいう。監督の采配《さいはい》のせいで負けることもイヤだったから、指導者に頼らない圧倒的な力をつけようと思った。

いい雰囲気でやらなきゃダメだ。

元気を出してやろう。

一生懸命やろう。

「お願いします」「ありがとうございました」をちゃんといおう。

授業中は寝ないようにしよう。

指導者が見ていなくてもちゃんとやろう。

自分たちが正しいと思ったことをやろう。


過去のおかしなルールは全部、撤廃しようとした。

でも、同級生のなかには当然のことながら「オレたちもやられてきたし」という意見があった。学年で大げんかをしたこともあった。

それが、実は不祥事が起きて謹慎している間のミーティングのことだ。チームとしてまとまってきたころ、そっぽを向く同級生に腹を立てた同級生が手を出してしまい、それが問題になった。

謹慎が明けると、後輩の一人が朝練をはじめた。室内練習場で黙々とバットをふっていたんだ。ぼくたちの学年が起こしたことで、後輩に迷惑をかけた。後輩に苦しい思いをさせているなか、ぼくたちは何をしているんだろう。

もう、ダサいことはやめよう。後輩の行動にぼくたちは続いた。それは、甲子園に出発する朝まで行われた。

ぼくたちは練習に明け暮れた。三年春の大会で優勝し、やるべきことをやれば勝てると確信した。練習の内容がよかったのかはわからない。戦術が合っていたのかはわからない。サボらずに練習をやる。元気を出してやる。私生活のルールを守る。

ただただ、一生懸命にやっていた。

ぼく自身は練習試合の九回にマスクをかぶるのみだった。公式戦に出たのは、秋、春、この後の夏も含め、一回だけだった。でも、万が一、正捕手や二番手捕手がケガをしたら、ぼくが出ることになる。不安だったし、恥をかきたくなかったから、守備練習は一生懸命に取り組んだ。それなのに……。

そんな六月中旬のある日、この年から就任したコーチに呼ばれた。

「お前はどんなことがあっても試合に出ることはないからチームづくりに徹しろ」

返事ができなかった。

チームづくりは今でも一生懸命やっている。ぼくは万が一に備えて出られるように練習しているのに……。

ぼくはこのコーチのためにやっているわけじゃない。

そう思って、練習を継続した。そのコーチへのむかつきから、認めさせよう、見返してやろうと思った。何か吹っ切れたのか、ムカつくエネルギーが守備に向いたのか、日に日に送球がよくなった。ボールが速くなり、練習中のアウトの確率が増えたんだ。

夏。結局ぼくはレギュラーになれなかったが、チームは勝ち進み、甲子園でも勝ち上がった。ただ、ぼくには甲子園の記憶がない。地方大会も含め、試合はほとんど覚えていない。甲子園にどうやって行ったのか、どうやって帰ってきたのかも記憶から抜けている。ぼくにとっての高校野球は理不尽でしかなかった。


そんなぼくは今、紆余曲折《うよきょくせつ》を経て、母校の高校でコーチをしている。

高校生のぼくに、「お前は将来、ここでコーチをするんだよ」なんていったら、大いにビックリすると思う。


ときどき、思う。

ぼくの高校野球は何だったのだろうって。

もちろん、きついこともあるだろうけど、目の前にいる選手たちを見ていると、ニコニコしていてうらやましく思うときがある。

彼らにぼくがどれくらい貢献できているかわからないけど、「日々の練習に達成感がある」といわれるときはうれしい。


高校野球の指導者として、ぼくが高校時代に味わった理不尽な思いは生徒にさせたくない。ぼくたちは野球が好きでやってきたはずだし、今も好きだからやっているはずだ。それなのに、指導者の顔色を伺ったり、指導者への不満に神経を使ったりするなんてバカげている。

ぼくは目の前にいる出会った選手たちの役に立ちたい。好きな野球と向き合って追究できる環境をつくっていきたい。勝利を求めながら、勝利以外の価値も伝えたい。

そんな思いをもちながら、でも、気持ちが先走らないように、選手たちとともに歩いていこう。

さぁ、ぼくは今日もグラウンドに向かう。

今、高校野球は大きな変革の真っただ中にあるのだろう。

それは、高校野球だけではない。世の中全体が、大きな変革の真っただ中にあるからだ。

昔は、理不尽なことをしても許された。しかし今は、理不尽なことをしたら大変な事態になる。

高校野球でも、理不尽なことをしていると勝てなくなるばかりか、世の中から非難され、試合すらできなくなる。

そういう状況を変えなければならないのは、本当は大人だ。

でも大人は、古い世界に生きてきたから、すぐには変えられない場合もある。

そんなとき、このお話の主人公は、理不尽な世の中と真っ向から戦った！　そして変革を成し遂げた！

これは、本当にすごいことだ。ぼくは、彼を心から尊敬する。

Story 12
台湾から日本へ

——台湾から留学してきて日本の高校野球におどろく

ぼくは台湾で生まれ育った。お父さんの影響で野球をはじめ、最初はピッチャーをやった。投げて三振を取るのがいちばん、楽しかった。お父さんは小学生のチャイニーズ・タイペイ代表監督の経験がある。

ぼくも一二歳のとき、チャイニーズ・タイペイ代表入りし、日本で開催された国際大会に出場した。そのとき、日本を好きになったんだ。

日本の小学生はすごく声を出していて、上手で、野球が〝きれい〟だった。台湾と全然違った。野球以外に街もきれいだったし、そのときのホームステイ先ではみんな、優しかった。

食べ物は、むしろ日本のほうが好きなくらい。ホームステイ先で食べたものも覚えているよ。寿司。初めて食べたけど、魚のうま味がたまらなくおいしかった。

その後、中学生のとき、たまたまテレビで日本の甲子園を見たんだ。

ぼくは甲子園にほれた。

甲子園の試合をまとめて音楽をつけた映像にもすごく感動した。みんな、勝つためにまとまって一生懸命に練習し、心がひとつになる。みんながチームのために何ができるのかを考えている。自分のためじゃなくて、仲間のためにがんばっている。

中学三年のとき、ぼくが日本に興味をもっていることを知っていた先生から「日本に行ってみてはどうか」と提案された。びっくりした。

そのときは、まだ行くとは思えなかった。だってまだ、一五歳だもん。

小学生のときから日本はずっとあこがれだったけど、大人になってから行きたいと思っていた。両親も最初は反対した。でも、そのうちどうしても日本に野球をしに行きたくなってきた。たとえ後悔しても大丈夫だと思えた。

両親には、ぼくが日本に行きたいという気持ちがなんとか届き、理解して行かせてくれることになった。親としては不安だったと思う。大学生ならまだしも、一五歳で日本に行く。絶対に心配だったはず。だから、本当に感謝している。

こうしてぼくは日本の高校に通うことになった。

でも、実際に行ってみると、想像とは違った。寮の飯はまずいし、練習は思ったよりきついし。当然、監督さんもコーチも、小学生のときに行ったホームステイのホストファミリーと全然違って厳しかった。

言葉はいちばんの大問題だった。もちろん、言葉が大丈夫だとも思ってなかったけど、中学生だからそんなに深く考えていなかった。心配はしてたものの、まぁ、ええわって。なんとかなるって。そう思っていた。

でも、なんとかならなかった。

ホームシックにもなり、部屋で泣いた。一カ月で台湾に帰りたくなった。

帰るかどうかを一度は本気で考えたけど、帰らなかった。せっかくチャンスがあって日本に来たんだ。こういうチャンスがある人は少ない。今の生活を大切にしないといけない。応援してくれるみんなの期待を裏切りたくない。

初めての夏の大会を迎えるころには少しずつ、慣れてきた。

甲子園をかけた真剣勝負を見て、すごいなと思った。

いつかぼくもレギュラーとして勝負したい。がんばろう。

絶対に帰らないぞ。そう決心した。

それでも、大変なことは多かった。学校の勉強は難しかった。漢字も、たとえば「床」は台湾ではベッドの意味だ。言葉は野球部やクラスの友だちに教えてもらい、毎日使ってどんどんわかっていった。

一年の秋が終わったころからは耳も慣れ、生活には困らないくらいになった。

野球では毎日、練習することが大変だった。台湾では週末が絶対に休み。だから、日本では練習が土日もあることがちょっときつかった。一週間のうち、二日間休みの台湾で慣れていたから疲れる。日本の高校は月曜日に練習がなかったけど、学校があったから、それはぼくにとって休みではなかった。

しかも、学校が終わって一五時から一七時までの二時間だけがオフ。一七時以降は寮で食事をして、自主トレ。これは休みじゃない。ぼくらにとって休みは一日中のことだから。そこも想像とは違っていた。

練習は台湾のほうがタラタラしている。日本のほうが緊張感をもっていた。技術的には、台湾では捕って投げて、アウトにすればよかった。でも、日本は細かいところを注意しないといけなかった。そのときは困った。

「捕って、ちゃんとボールも届いたのに、なんで叱られるんですか？」

「なんでコーチ、まだ怒るんですか？」

いつもそう思っていた。中学生までは台湾で、どんな形でも捕って送球すれば大丈夫って教わってきた。アウトさえ取ればOKだった。それが、日本ではどう捕るか、どう送球するかが大切だった。

初めて出た公式戦は一年生大会だった。三番・レフト。緊張のあまり、簡単なフライをグローブに当てて落としてしまう。だけど、仲間は「大丈夫、大丈夫。気にしない」と声をかけてくれてうれしかった。打席ではライト前にヒットも打った。

そういえば、高校二年の春まで、日本をそんなに好きじゃなかったっけ。

一年生大会以外、ぼくは試合に出られなかった。それに、毎日、練習が続いて、遊びたいという気持ちが強かったから、面白くなかった。がんばろうと思ったはずなのに、台湾にいる友だちが遊んでいる様子をSNSで見ると、うらやましかった。試合には出ていないし、B戦のベンチにいるだけ。だから、日本に来て後悔した。

でも、二年春に気づいた。昔、テレビで見たことを思い出したんだ。みんながチームのために何ができるのか考えていたことを——。

みんなの心がひとつになって、甲子園に行く。そのために、ぼくはチームのために何ができるだろうか。試合に出られなくても、チームのために何かしたい。マイペースじゃなくて、みんながチームのことを考えている。こういう考え方が好きだったんだ。だからぼくもチームのためにがんばろうと思って、練習に励んだ。

だけど、最後の夏はチームメイトの勇姿を見ることができなかった。

おじいちゃんが病気で亡くなって、台湾に帰ったからだ。台湾の葬式は一週間。

その間にぼくたちの夏は終わっていた。

おじいちゃんも大事だけど、試合を観られなかったことはやっぱりくやしい。

三年間、甲子園にも行くことはできなかったけど、ぼくは日本に行ってよかった。

かけがえのない三年間だ。

ホームシックになったり、練習がつらかったり。いろんな思いをしたけれど、ぼくを成長させてくれた日本が好きだ。

ぼくが日本で学んだことはこの先、未来でも使えることだ。

みんながひとつになる。そのほうが強い。自分のためだけではなく、みんなのために何かやるということを日本は教えてくれた。


野球はみんなでいっしょにやるのが、いちばん面白い。


ぼくは今、台湾に戻り、大学に通っている。

日本の社会人野球やプロ野球でプレイするために、がんばっている。

また、野球で日本に戻れたらいいな。

ぼくが子どものころは、まだ外国が遠かった。しかし今は、ぐんと近くになった。昔はオリンピック種目としての野球もワールド・ベースボール・クラシックもなかった。大リーグに行く選手もいなかった。

でも今は、国際大会はしょっちゅうあるし、大リーグでプレイすることも当たり前になった。世界がどんどん狭くなってきている。野球は、日本のなかだけではなく世界を舞台にプレイするものになった。

そのことの戸惑いが、まだ多くの人にあると思う。ぼくと同じくらいの年代の人のなかには、抵抗がある人もいるだろう。

でも、このお話の主人公のように、外国と触れあう経験はこのあと絶対に糧《かて》になる。人生に活かされる。

だから、もし外国に行くチャンスがあれば、ぜひ勇気を振り絞って飛び込んでほしい。これからの世の中は、野球も、それ以外の分野でも、外国の人といっしょのチームですることがとても重要になるからだ。

Story 13 高校であきらめた夢をもう一度

――一度はやり投げを選んだが、再び野球をしたい

一度はやめた野球ですが、最後はやりきってよかったです。

小・中学生のとき、野球はテキトーにやっていました。小学生のとき、実家のアパートの屋上からグラウンドが見えました。だから、練習嫌いだったぼくは楽しいバッティング練習になったのを見てから、グラウンドに行くようなクソガキでした（笑）。中学では市選抜に選ばれてエースではありましたが、全国には行けませんでした。後にプロに行くような投手と投げ合って、たしか〇対一で負けました。そんなこともあって県内の何校かの高校から誘ってもらいました。

でも、高校では野球を続けないことにしました。ボウズ頭がイヤだったし、チームではなく一人でどこまでいけるか突き詰めたかったんです。そんなとき、兄貴の通っていた高校の担任が県内で一番強い陸上部の顧問だったこともあって、誘われました。

こうして野球をやめ、やり投げをはじめることにしました。


そのときは野球への未練はまったくなく、自分ががんばったぶん、記録や順位に出る個人競技にやりがいを感じていました。自宅にもトレーニングルームをつくって毎日やったりして、ようやくがんばる楽しさを知りました。部屋にベンチプレスやけんすい台を置いて、部活から帰っても一時間くらいそこで練習していました。

最初のころは成績が全然出なくて「失敗したかな」とも思ったのですが、やるからには成績も出したかったし、〝オレならできるんじゃないかな〟と信じ込みました。

すると、だんだんと成績が出はじめて二年生のときにインターハイに出場しました。でも大会前にケガをして、見ているだけだったのでメチャクチャくやしかったです。

だから三年のときは絶対一位になろうと臨みましたが五位でした。それでも当時の記録はまだ県の高校記録になっているはずです。

そうして、やり投げでたくさんの大学からも誘っていただきました。

でも、じつは高校二年のときに「陸上をやめて野球をしたい」と顧問に伝えたことがありました。やり投げをはじめて筋力が上がり、キャッチボールをしてみても、野球部だったときより速い球を投げられました。久々にやっても、やっぱり野球は楽しかったですし、大きく注目される甲子園にあこがれました。

けれど、そのときは顧問に「高校の間は自分で決めたことだから、最後までやりとおせ。野球をまたはじめるのは大学からでいいんじゃないか」と説得されました。そして、インターハイで入賞して推薦も来たことで、迷いはありましたが大学でやり投げを続けることにしました。

でも入部後、やっぱり、どうしても野球がしたくなってしまいました。学生生活も寮生活も楽しかったんですけど、何か物足りない。

だんだんと「野球がしたい」「プロ野球選手になりたい」という気持ちが抑えられなくなりました。やり投げの推薦をいただいたので、その状況に流されてしまったところもあり、それは反省しています。

やり投げの仲間もメチャクチャ説得してくれました。大学の監督がぼくを説得するために呼びだしたので、ぼくは何度も監督の研究室に通い詰めました。親にも反対され、母には泣かれましたが、最後は「アンタが決めた道なんやから」と応援してくれました。

大学推薦が無駄になってしまったため、高校の顧問には「一生、この学校に戻ってくんな」といわれました。が、決めたことなので、退学届を出して自分でいろいろ調べていろんな大学の野球部に連絡をしました。でも事情を説明すると「うちでは厳しいと思うよ」という反応ばかりでした。

そりゃそうですよね、高校では野球はしてないんですから。

ちょうどそのころです。ぼくは地元で草野球をしていたのですが、そのときの審判さんが地元の大学の監督と知り合いだったんです。それでそこをすすめてもらって、セレクションを受けることにしました。硬式球を握るのは二、三回目。それでも、一四〇キロを超える球を連発して合格したのです。

大変なのは、そこからでした。

最初は同期とも年齢が違うので戸惑いました。しかたないんですけど「なんでタメ口なん?」と、どうしても思ってしまうことはありました。ぼく以外はみんな現役で入ってきた子たちで年下だったので。

また、セレクションの後、ひじに違和感を感じて病院に行ったら、手術が必要ということになりました。それで最初の一年はボールも投げられない状態でした。

そのときはつらかったです。もうね、「メッチャ鍛えて何年後かにすごくなろう」と、なんとかやっていました。あともう一人、ぼくと同じく「プロになる」といっていたヤツがいたんです。そいつもまた、故障で一年近く投げられない状況でした。

そんなぼくらをまわりが「無理に決まってる」とバカにしてくるんですが、だからこそ二人で燃えていました。

あと、練習は厳しいけれど、組織としてしっかりしているチームでした。上下関係とか横のつながりとか。だから、みんなでキツイ練習を乗り越えて、「今日キツかったな」と声をかけ合ったりしていたら、ぼくも変なプライドがなくなって「こいつらといっしょにがんばっていきたいな」と感じました。「余計なプライドとか、ないほうが楽やな」とだんだん思えるようになりました。

そうしてだんだんと結果も出てきて、Aチーム（一軍）に入ったのは三年生の春のリーグ戦前でした。これでダメなら、選手はあきらめようと思いました。

どこかで区切りをつけないといけない。

親にも迷惑かけてきたから、しっかりした仕事に就いて恩返しをしよう。そんな強い気持ちで取り組みました。でも、キャンプではよかったんですが、徐々に調子が落ちてきて、最後の遠征では全然ダメでした。

ついにメンバー落ち。学生コーチになりました。

ところがそこでは、支えるやりがいがありました。

一歩離れた視点で「こう見えるんや」とか、「どうやったら選手が伸びるんやろう？」と考えたりすることは貴重な経験となりました。

今は警察官をしています。大学の野球部の先輩に警察官がいて、未知で厳しい世界に好奇心がわきました。まだ一年目で警察学校や現場で勉強の日々。ぺーぺーなので全力でガムシャラにやっています。

目標としては刑事課に行きたいです。やっぱりカッコいいじゃないですか（笑）。「警察官」はそのイメージで、そうなりたくてなったので、そこは変わりません。

あの野球部にいて、チームへの帰属意識はしっかりもつようになりましたね。どうしても野球はチームワークが重要で一人では勝てないので、そういうところはしっかりやるチームでした。寮生活も楽しかった。ホント、いろいろありました。

それでも、今もチームの仲間と連絡を取り合ったり、たまに会ったりしているので、この関係性はたぶん一生モンじゃないでしょうか。

昔は協調性がなかったので成長……うーん、というか普通のことができるようになりましたね（笑）。やっぱり何かいっしょに試練を乗り越えてきた仲間は違います。

いろんな仲間ができましたし、あれだけキツイなかでやってきたので、何でも乗り越えられそうな気がします。

監督に拾っていただいて感謝していますし、親にもやっぱりいちばん感謝しています。普通なら「何考えとんねん」って話ですから。

野球をやって本当によかったです。

日本のスポーツ教育には、ひとつ大きな欠点がある。

それは、一人がひとつのスポーツしかできないことだ。ほとんどの場合で、一人がひとつの部にしか所属できないことだ。

昔は、それでもよかった。なぜなら、昔は社会に出てもひとつの仕事しかしないのが普通だった。

しかし今は、社会に出てからひとつの仕事で終わることはほとんどない。

多くの人が、転職をするようになった。あるいは、複数の仕事を同時にする人もいる。ひとつの仕事のなかでも、幅広い任務をこなさなければいけなくなった。

そういう時代に、ひとつのスポーツ、ひとつの部活動しかできないのでは、社会に出てから大いに戸惑う。複数のことをかけもちする習慣が身につかないからだ。

その点、このお話の主人公は、自らの工夫でそれを成し遂げた。やっぱり、教育の問題を解決できるのは子どもたち自身なのだ。

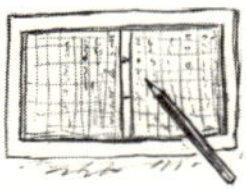

Story 14 私と高校野球

――どうしても女子マネージャーになりたくて

あの場所から見る景色はどんなふうに映るのだろう――。

テレビで甲子園を観ていたら、輝く選手とともにベンチから見守るマネージャーの姿があった。

私も甲子園に行って、その景色を見たい！

それから両親に「マネージャーになりたい」と伝えた。でもマネージャーは大変だとよく聞くし、ましてや練習のハードな野球部はなおさらダメだと反対された。

しかし、私は高校に入学して毎日野球部の見学に行った。野球部のグラウンドに行くために、選手がトレーニングをする際に使用する山を登らなければいけなかった。

しかも、部員数の多さに圧倒され、一人で行くのにとても勇気がいる。でも通った。どうしてもマネージャーになりたい。その思いはだれにも負けていなかった。とうとう両親も私のやる気を認めてくれた。

そして、やっとみんなと部活ができる！　と楽しみに見学に行ったある日、三年生の先輩マネージャーが顧問の先生のところに連れて行ってくれた。かつての先輩方は希望者が多く、面接があったらしいが、一人だったため一対一で面談をした。緊張のあまり、体がふるえた。帰る間際、原稿用紙をもらう。

「『私と高校野球』というテーマで明日までに書いてこい」ということだった。野球を経験したこともないので、どうやって私と高校野球をつなげればいいのか。とても難しい題だ。考えているうちに、あっという間に日付が変わっていた。

やっと文章ができた次の日、ドキドキしながら顧問の先生に見せに行った。

「なんだ、この作文は。明日までにやり直してこい。やる気がまったく感じられない」

思いもよらなかった。とてもくやしく、泣き出しそうになるのを必死でこらえた。

何がいけなかったのかをしっかり考え、文武両道という内容にして、新たに書き直し、前日よりも倍以上の文章を書いて提出した。すると、

「うん。こっちのほうが断然いい」

といってもらえた。前日とは違う涙がこぼれる。

「先輩を呼んでこい」と指示され私は走って、グラウンドまで呼びに行った。先生は
「今日からこの生徒を仮入部期間とするから教えてやれ」といった。

やっと部活ができる！　心の中でおもいっきり叫んだ。この時点ですでに五月。同級生の選手たちががんばってるなかで遅れてしまった。


そこからの約二カ月は毎日グラウンド付近の草抜きをした。

仮入部期間はみんなが七時半まで練習をしているのに、一人で六時半に帰らなければならない。どうして私だけ。

「マネージャー」になることが簡単ではないことがわかった。

そんなある日。「みんなの前で紹介するから来い」と監督に呼ばれた。

私は初めて八〇人近くの選手を前にする。

中学で生徒会長をしていたおかげで人前に立つことには慣れていたが、さすがにこのときばかりは、先輩方を前にして緊張した。

突然、「それでは、何かひと言」といわれ、とっさに、

「甲子園に向かっていっしょにがんばっていきたいです」と。


部活が終わった今だからこそいえるが、甲子園は、そんなに甘いものではなかった。甲子園という言葉を軽々しく口にしてしまったけど、「こんなことをいってしまってよかったのだろうか」と今でも考えることがある。

この日を境に、私は正式に「マネージャー」になることを認めてもらえた。

楽しいよりも、大変なことのほうが多いマネージャーはやめてしまうこともあるため入部するまでが簡単ではなかったのだ——。入部してからも何度となく指導された。

三年生が引退して、新チームでの練習がはじまった。ひとつ上の先輩マネージャーは三人。とても優秀な方だった。だれよりも早く部活に来て、選手の給水の準備をはじめる。何をしても手際がよく、先生や保護者との対応も的確で、試合のアナウンスもうまく、部員にもとても信頼されていた。

私もこんなマネージャーになりたい、ととてもあこがれた。

私は、スコアも書けない、アナウンスもできない、何をすればいいかもわからず先生に質問されても「確認してきます」「すみません。わかりません」ということしかできなかった。

選手に「先輩ばかりに頼りすぎて全然動けてない。おまえに期待しすぎてたな」といわれたこともあり、何もできない自分が情けなくてとてもくやしかった。

家に帰ると部屋にこもり親に心配かけないよう声を殺して泣いていた。やめたい。その言葉が何度も頭によぎる。

しかし、同学年のマネージャーはいないうえに、両親にわがままをいって入部させてもらった部活。みながんばっている姿を見ると簡単にやめることはできなかった。だから「がんばるしかない！」と気持ちを入れ替え、毎日トイレの鏡の前で笑顔をつくって「今日もがんばろう！」と気合いを入れて、部活に行っていた。

そうするうちに、あっという間に先輩方が、引退する時期となった。このころには後輩も入部してきて、マネージャーは三人入部してくれた。

三年生になってからがもっとも大変だった。

こんなにも大変なことを、先輩方はこなしていたんだ――。部活に来てすぐに机を拭き、給水をつくり、洗濯、掃除、時間ができれば試合の応援で掲げる鶴文字やお守りのデザインを考える。

先輩がいないぶん、わからないことも、自分で解決しなければならない。後輩にもしっかり教えていかなければいけない。

でも、選手からの「ありがとう」の言葉を聞くたびに「明日もがんばらなくては」

と元気をもらった。

私の代は、練習試合では強豪チームともとてもいい試合をしていた。しかし、新人戦、秋の大会と初戦で敗退した。試合のときは、みんなで声を出し合い、真剣ながらもとても楽しそうにしていた。私もいつの間にか笑っていた。冬トレの期間もだれも弱音を吐かず、一生懸命声を出す姿に思わず感動した。

このとき私は「このチームは絶対勝ちあがる！」。そう思った。

そして、冬トレを乗り越えた春の大会。練習の日々は嘘をつかない。

結果は準優勝。

キャプテンが「優勝できなくてごめんな。夏は必ず勝って甲子園に連れていくから！」と泣きながら私にいった。思わず、こらえていた涙がこぼれた。

最後の追い込みがはじまった。ホワイトボードに書かれたカウントダウンがあっという間に減っていく。私の頭のなかは一日中野球部のことでいっぱいだった。

そして、最後の大会、夏の甲子園予選がはじまった。

もしかすると今日が最後の部活かもしれない。

スコアラーとしてベンチに入った私は今までの思い出がよみがえった。いつもは感じることのない緊張感。

初戦、二回戦、三回戦、準々決勝と私たちは駒を進めた。準々決勝は、全校生徒が、応援にかけつけてくれた。「プレイボール」とともに吹奏楽部の演奏がはじまる。曲に合わせ全校生徒の応援が球場に響く。

こんなにも多くの人が応援してくれているんだ。こんななかで試合をする選手たちはどんな気持ちなのだろう。今まででいちばん楽しそうに試合をしていた。そして、今までいちばん輝いて見えた。

引退後の今でも、そのときのことが鮮明によみがえる。

ベスト8という結果で私たちのひと夏が終わった。高校で初めて野球に携わり、スコアもまったく書けなかった私が最後までやっていけるか、とても不安だったが、「人」を支えることの大変さ、みんなで同じ目標に向かって必死に努力することの大切さ、そして試合に勝ったときの喜び。さまざまなことを学んだ。今思うと両親にも、本当に迷惑ばかりかけた。選手として活躍するわけでもなく選手のサポートのために、遠くまで送迎することに複雑な気持ちもあっただろう。

決して一人では成しとげられなかったこの三年半。たくさんの方に感謝したい。

本当にありがとう。

私と高校野球。

それは、私の人生のなかでもっともかけがえのないものだ。

最近は、「逃げる」ということの大切さがいわれている。

無理をしてがんばった結果、心や体を壊してしまうことが問題となっているからだ。そうなる前に勇気をもって逃げることは、とても重要なのだ。

ただ、それがわかったうえで、ぼくはこうも思っている。確かに「逃げる」ことは重要だが、そのうえで「がんばる」ということも、また大切なのだ――と。

というのも、成長というのは必ず痛みをともなうからだ。適度に「無理」や「失敗」をしなければ、能力は身につかない。

だから、だいじなのはそのバランスだ。逃げ道をしっかりと確保したうえで、がんばるということなのだ。

今は、そのバランスが失われてしまっている。逃げる人はすぐ逃げるし、がんばる人はがんばりすぎてしまう。だから、必要なのはそのバランスを見極めていくことだと思う。

Story 15

二本のバチ

――野球と和太鼓、ふたつの練習を両立させるハードな日々

高校三年の最後の夏、私は二本のバチを手にしてスタンドの最前列にいた。

三歳のころ、バットよりボールよりグローブよりも先に手にしたのが和太鼓《わだいこ》のバチであった。そう、私は和太鼓奏者である。

しかし、大の巨人ファンの家庭で生まれ育ち、小学四年のころ、地域の少年野球チームに入団し、野球をはじめた。そして、中学のとき、元巨人の故・木村拓也《きむらたくや》さんの母校である高校で粘り強い野球がしたいと決意し、この野球部の門をたたいた。

毎日、部活が終わった後に、和太鼓の練習をし、へとへとになって家に帰りつくのは夜中の〇時。それから学校の課題などを済ませ、眠りにつくのは深夜一時半ごろであった。こういう日々だったが、いつのまにかこのハードなリズムは日常のものとなっていた。

高校一年で迎えた緊張の公式戦、先輩たちが必死にプレイするなか、私はスタンドで応援に合わせて太鼓をたたいた。そして、五回裏が終了し、グラウンド整備の時間がやってきた。

この時間はぼくにとって最高のパフォーマンスのショータイムだ。

「やれー」

仲間たちから背中を押され一人で堂々と胸を張って、太鼓を演奏しはじめる。場内には、ただ太鼓の音が響き渡り、それと同時にまわりの人たちからのたくさんの目線も感じた。私の心情としては、六回から勢いよくスタートするのに少しでも力になれたらいい。それだけ。ただそれだけに緊張もした。

「ドンッ」

演奏を終えると、待っていたのはスタンド中からわき起こる拍手。相手側からもベンチからも。私は一礼した。素直にうれしい。プレイではなかったが、自分が認められたという実感があった。

これが私の高校野球の一歩目だった。

その後、迎えるすべての大会で私は、太鼓を打ち鳴らした。

しかし、私も高校球児の一人。スタンドではなくグラウンドでプレイしたい。チームのなかでもいちばん小柄であった私は、豪快なスイングで長打を打ったりすることはできない。

そのため、自分の特徴を生かしたプレイをしたいと思い、バントや走塁などを磨いた。だが、これといって光るものはなく、ほかにも上手な人はたくさんいた。


そして、高三の夏、これまでの大会で一度はベンチ入りを果たしたものの、最後の夏ではベンチ入りをつかむことはできなかった。今まで味わったくやしさとは比較にならない。

だが、これから今までいっしょにやってきた仲間が、甲子園をかけた試合に挑むと考えると、いてもたってもいられない。

くやしさをぐっと噛《か》み殺し、みんなに明るくふるまい、自分にできることは何でもした。バッティングピッチャーにティーバッティングのボール上げ、ピッチャー陣の調整にもつきあった。しかし、この裏方としてのサポートはとても充実感があった。「勝ってほしい」。ただその一心だった。

仲間には「お前のぶんまでがんばってやるから」といわれ、ある仲間と私は帽子を交換した。その仲間は私の帽子をかぶり、私の想いといっしょに闘ってくれると約束してくれた。

私が彼から預かった帽子はブカブカではあったが、このうえない安心感がある。

最後の夏の大会がはじまった。

私にできることは太鼓をたたいてチームを鼓舞すること。チームは順調に勝ち上がり、そのたびに五回裏終了後のグラウンド整備の時間は「ドンッ」という音色が場内を包んだ。そして、その音が止むと、その後には「パチパチパチ」という高い音と、選手を送り出す黄色い声援が場内を飛びまわった。

このことがひとつの名物となっていると聞きつけた新聞記者さんから取材を受けることもあった。自分たちの行いが広く知られていることがうれしかった。

だが、準決勝以降、太鼓の音が響くことはなかった。私たちの夏が終わりを告げた。

最後の試合終了後、「ありがとう」「ごめん」といった声をかけてもらった。

私は帽子を交換していた仲間のところに行き、自分の帽子を受け取った。湿っている。

私の想いは確かにグラウンドに立っていた。

自分の手には数個のマメができていた。

最後に撮った集合写真は、みんな涙をぬぐった後の笑顔で満ちあふれていた。

高校野球が終わり、数日がたったある日、一八歳離れた弟が生まれた。この子にも私としては野球の面白さを知ってほしい。

また最高の仲間をつくってほしい。一八年後、私は三六歳。

弟が甲子園をめざして、プレイすることを期待したい。

このお話の主人公は、「和太鼓奏者」という得意分野がありながら、野球にも本格的に取り組んだ。

そういうふうに、本格的に取り組むものが複数あるのは、昔は許されなかった。それよりも、ひとつのことに集中する「一所懸命」が奨励された。

しかし今は、先ほども述べたように、ひとつのことをしていたのでは生きていけない。なぜなら、ひとつのことをしていたのでは、それがうまくいかなくなったとき、逃げ道がなくなってしまうからだ。

だから、複数の得意分野を組み合わせて、自分の居場所をつくっている人が増えている。

このお話の主人公は、だれに教わったわけではないのに、それにすでに取り組んでいる。

これをお読みのみなさんにも、ぜひ複数の得意分野をつくるようおすすめしたい。

Story 16

球児の彼女

——初めての彼氏は強豪校の野球部員。寮で暮らす彼を応援していたが……

山々がきれいな田舎町で生まれ育った私は、小学四年からはじめたバスケットボールに夢中になって、中学時代もずっとバスケ。髪もショートカットで、おしゃれもしたかったけど、どっちかというと、ボーイッシュな服装だったかな。

まわりには彼氏がいる人もいて、あこがれはあったけど、私は奥手でそういうのはまだ無理っ。お父さんとお母さんが、今でも彼氏と彼女みたいに仲がよいので、私もいつか、いい人とめぐり合って、両親みたいなカップルになれたらと思ってました。

これといった取り柄もないし、将来なりたいものもよくわからなくて、高校は、自分の地元の県立高校に行くことにしました。隣りの市にある女子校にもあこがれたけど、下に妹が二人いるので、長女の私が私立高校に行きたいなんていえないし、その県立高校に行ってやりたいことを見つけられたらと思ったんです。

一生懸命勉強をして、なんとか無事合格することができ、ワクワクの高校生活がはじまりました。もうバスケはやらず、帰宅部。家計のことを考え、自分のお小遣いぐらいは自分で稼ぎたかったので、家の近くの飲食店でアルバイトもはじめました。学校にもバイト先にも新しい友だちができて、田舎者の私だけど、ちょっとずつ世界が広がっていくのがすごくうれしかったです。

勉強、バイト、家のこと、そして、ときどき友だちとお茶したり、いっしょに買い物に行ったり、そんな高校生活がはじまって数カ月たった七月のこと。高校の方から「○日に野球部の試合があるので、応援に行ける人は行ってください」という連絡がありました。甲子園の予選だそう。

今まで、テレビで甲子園は観たことがあるとはいえ、予選は観たことがなくて……。うちの高校の野球部はそんなに強くはないようだけど、なんとなく楽しそうなので、クラスの友だちといっしょに応援に参加することにしました。

お母さんに車で送ってもらったのですが、球場に近づいていくと、高校野球のスローガンが書いてある旗というかのぼりのようなものがいっぱい立っていて、人もいっぱいいて、球場に入る前から熱気がムンムン！

球場に入ってみたら、もっと熱気がすごい‼

え、何この雰囲気！　と衝撃を受けました。

高校野球は高校の部活のひとつなのに、なんか違う。同じ高校の野球部の人たちは、こんななかで試合ができるんだ！　と思ったら、鳥肌が立っちゃいました。

そんななか、うちの高校の前に試合をしていた選手たちに目が釘づけになりました。そこは、県内でもいちばん強いといわれていて、甲子園に何度も行ってる高校。選手たちがキビキビしていて動きも速いし、スタンドにいる控え部員たちの応援もスゴイし。その高校の追っかけみたいな女子高校生もいっぱいいて、何から何までスゴイ！　友だちには、「口がぽかーんって開いてるよ！」といわれてしまい……。ほんとにそのぐらいビックリでした。

その強豪高校は圧勝していたけれど、次の試合でやったうちの高校は惜しくも負けちゃって。選手たちは、ワンワン泣いてた。なんだか私までもらい泣き。

でも、学校のみんなで一生懸命応援して、選手たちも一生懸命戦っていて、高校野球っていいなーと思えた高校一年の夏でした。


それから何カ月かたった高校一年の秋の終わりぐらいだったかな。中学時代のバスケ部の友だちから連絡があって、学校帰りに久しぶりにお茶をすることになりました。

その子は、あの、県内でいちばん強いっていわれている野球部のある高校に行っていて、そこのバスケ部所属。その日は、部活がオフなので会うことになったのです。

待ち合わせ場所に行ったら、その友だちといっしょに坊主頭の人が二人。

「え？　だれ？」とこっそり聞いたら、「今日、野球部もオフだっていうから、いっしょにどうかなと思って誘ってみた」と。「そうなんだ！」といいながら、私はド緊張！

だって、学校では男子とも少しはしゃべれるけれど、学外で男子と会うこともないし、しゃべることもないもん！

それも、あの甲子園によく行く強い高校の野球部の人たちですよ！　もう緊張しまくってしまって、最初のころは何をしゃべったか覚えてない……。でもだんだん話ができるようになってきて。

一人は県内から来てたけど、もう一人は関東からその高校に野球のために入ってきたと聞きました。一五歳で親もとを離れて、一人でこんな田舎に来て、寮で暮らして、きつい練習して、洗濯も全部自分でやって、そうやって生活してることを聞いて、とても同い年には思えない……。その後、「門限があるから」と二人は帰っていきました。

それから数日後かな。友だちからラインが入って、「関東から来てる人のほうが、〝よかったら連絡先を交換したい〟といっているけど教えてもいーい？」と。

それを聞いて、すごくうれしくなっちゃった！　だって、私もあの人ともっといろいろ話をしてみたかったから。友だちにオッケースタンプを送ったら、それから、数日後にその彼からラインが来ました。「よろしくー」と。
「関東からこっちに来て、学校や野球部の友だちはいるけど、学校外に友だちがいないから、こっちのこといろいろ教えてね」だって。そして、「でも、野球部の練習がきついし遅くなるし、寮でもいろいろやることもあるから、ラインの返信は遅くなったりすると思うけど」と。そうなんだー。大変だなーって。

それからは、ラインでたわいもない会話をしたり、練習がきついというときは励ましてみたり、友だちとしてのやりとりが続いていて……。
それがすごく楽しくて、毎日、ラインを待つようになりました。バイトでスマホが見られないときは、とくに気になっちゃって。いろいろやりとりするうちに、だんだん、その彼に惹かれていってたんですね。

オフはめったにないみたいだけど、ある日、「今日、練習が早く終わりそうだから、午後とか夕方とか時間あったら会わない？　外出もオッケーだからさ」と連絡が来て、その日は母と買い物に行く予定にしていましたが、「急用！」といって、その彼と会うことにしました。お母さんごめんなさい（笑）。

待ち合わせはファミリーレストラン。ドリンクバーとポテトを注文して、だいぶしゃべったなぁ。友だちに聞いたら、その彼は下級生だけどもうレギュラーになってい て、注目もされてる選手だそうで、練習も人一倍やってる選手だとも聞いてました。でも、彼は自分がレギュラーだとかを自慢するようなことも一切ないし、がんばってるということもいわない。そういうところがすごく男らしくてカッコいいなって。

もっといっしょにいたかったけど、「そろそろ時間だから帰る」とお店を出て歩きはじめたとき、その彼が「そういえば、彼氏いんの？」と聞いてきて。「そんなのいないー。つき合ったことない」といったら、「そうなんだー。オレとつき合ってみる？」と。「えーーー！　私と？」。もう心臓が飛び出そうになって。「いやなら、あきらめるけど」といわれて、「いやじゃない!!　私でいいなら」としどろもどろになりながら、そう答えたような記憶。そしたら彼は、「よかった！」と笑顔になって、「またラインするよ！」と走って帰っていきました。

彼が行ってしまったあと、自分の顔が赤くなっちゃってるのがわかりました。

人生で、初めて男性とつき合うことになったのですから。

初彼氏とのラインのやり取りは、ものすごく楽しかった。でも、相手は戦ってる人。その邪魔をしちゃいけないと思って、すごく気を使いました。「返信待ってる」なんていえば、向こうは忙しいのに「返信しなきゃ」とプレッシャーになるだろうし、そっけなくしたら、向こうは「オレのこと好きじゃないの？」と思うかもしれない。

んーー難しいっ。

とくに、彼の調子がいいときはラインのやりとりも弾むけれど、試合で結果が出ないときは、私もなんとなく察するので、こっちから何とラインしたらいいか、すごく迷います。野球のことを何も知らない私があれこれいっても説得力もないだろうし、彼だって、「なんでそんなことお前にいわれなきゃならないの?」と思うかもしれないし。

なので、彼の疲れや悩みが吹き飛ぶように、極力明るく楽しい話題にもっていくように心がけました。

いい関係性が続いていたと思います。

うちの両親に隠れてつき合うのもイヤだったので、彼にいったら「自分のことといってもいいよ」って。両親に「こういう彼がいる」と伝えたら、「ぜひうちに連れておいで」と。交際オープンになってからは、オフで寮で夕飯を食べなくていい日は、うちに来て食べたりもしました。

彼は母がつくった手料理をほおばり、「やっぱ家のご飯っていいよね! うちの親のご飯を思い出すわ」と。そのとき、少し目に涙をためて話してたので、やっぱり、いつも強がっているけれど、親もとを離れて東京からこの田舎にきて、さびしいんだろうなと感じました。だから、私にできることは何でもしよう、応援できることは何でもしよう、よりそう思うようになりました。

二年の夏、甲子園をめざす戦いがはじまりました。彼は今まで以上にピリピリしていて、私はどうラインをしたらいいかいつも迷うぐらい。二年生でレギュラーなのは、すごいことだけど、そのぶん、プレッシャーもすごくあるみたいで。

もしエラーをしてしまったら、もし打てなかったら、先輩たちの甲子園への道を閉ざしてしまうことになる。いつもその怖さと戦っているようでした。

でも、大会の最初のころは調子が出なかったけど、次第に力を出しはじめて、彼の活躍もあって甲子園出場を決めたんです。大観衆のなかで躍動する彼、優勝を決めて、マウンドに集まって指を突き上げてる彼、先輩たちと監督さんを胴上げする彼、今まで生きてきたなかで、こんな感動はなかったです！

でも、あまりにも多くの人に囲まれている彼を見て、遠くに行ってしまったような気もしました。そこには女の子たちもいっぱいいて、なんだか心がザワザワ。甲子園出場を決めてうれしいのに、私からどんどん遠く離れていってしまいそうで。

だけど、彼は遠くから見ていた私を見つけると金メダルをこっちに掲げてはずかしそうに、でもうれしそうに手をふってくれました。

こらえていた涙が一気に噴き出しました。彼がこの田舎に来てまでかなえたかった夢、かなえられてよかった。大泣きでした。


甲子園という舞台でも活躍した彼は、先輩たちとの夏を満喫し、八月中旬、こっちに帰ってきました。すぐに新チームが始動するそうで、ゆっくり会う時間もなくて。でも、練習後に少しだけ会ってくれて、おみやげをもらいました。

それは、甲子園の土でした。

あの土を小さなケースに入れてくれたんです。

それを手にしたら、甲子園に行ったこともないのに、その風景がばーーーっと頭に広がってきて、大観衆のなかで活躍してる彼の姿も見えてきて。

来年の夏こそ、絶対甲子園まで行って応援しようと思いました。

でも、今までいい感じできていた私たちの関係が、少しずつ、少しずつおかしくなっていきました。

それは、お互い、卒業後のことを考えはじめるようになってからです。

彼は、関東に戻って、向こうの野球の強い大学への進学を希望していました。そこでまた野球をがんばりたいのが彼の目標。私は、やりたいことはなんとなく見つかってきたものの、関東の大学や専門学校に行くという選択肢はなくて、高校卒業後は地元で就職しようと考えていました。となると、離れてしまうのは必至。

そんな話をするうちに、お互い、自分たちはこの先、どうなっていくんだろうという不安も出てきて、微妙な感じになってしまったのです。

野球のほうでも、彼はちょっとスランプに陥っていって、かなり悩んでいました。

下級生のころは先輩たちが盛り立ててくれていたけど、最上級生になると、自分たちが引っ張っていかなければならない。

とくに、彼は下級生のときから試合に出ていて、甲子園経験もあるということで、何かと期待されたり注目されることも多くて、本当に大変そうで。

でも、ラインのやりとりは変わらずしていて、彼の野球の邪魔をしないように、それでいて、彼が気持ちよく野球に取り組めるようにテンションが上がるようなこともいったりして、ときどきぶつかりながらも、彼氏と彼女の関係は続いていきました。

秋が過ぎ、冬も過ぎて春になるころのある日、彼から電話が来ました。いつもはラインなのに、電話だったから、ちょっとイヤな予感がしました。電話に出ると「今、時間いい？」「うん」「大事な話があってさ」。やっぱり来た。

内容は、「別れたい」でした。

理由は、「野球に集中したい」ということ。つき合っていると、やっぱりラインを返信しなくてはなどと思ってしまうし、「今、何してるのかな」と考えてしまうし、つらいときに甘えてしまうし。「今は夏の甲子園をめざして野球だけに集中したいから、だから、本当に自分のわがままだけど、別れたいんだ。ごめん」と。

うすうす気づいてはいたけれど、本当にいわれてしまうと目の前が真っ暗になってしまって。彼のその気持ちはわかる。でも、別れたくなくて、「野球がひと区切りつくまで待ってるから、それじゃダメなの？」と聞いてみたら、「待ってるっていわれると、待たせてしまってるって思っちゃうし……中途半端なのはイヤだから」。

もう何もいえなくなっちゃって。つき合ってきたからわかります、彼は中途半端を嫌がる性格。決めたら絶対そうする人です。受け入れるしかない。

涙はいっぱい流れてきてしまっていたけれど、それを彼に気づかれないようにしながら電話を切りました。

彼がいなくなった私は、しばらく泣き続けていました。それから抜け殻みたいになっていって、親にも心配され、友だちにも心配され……。

でも、彼を最初に紹介してくれたバスケ部の友だちに、彼がすごく野球をがんばっているることを伝え聞き、私もこんなんじゃダメだと気持ちを入れ替えました。少しずつ、少しずつ立ち直り、私も自分のやりたい仕事に向けての勉強をはじめました。

もうひとつ、はじめたことがあります。それは、毎朝、神社にお参りに行くことです。家の近くの神社に行って、おさいせんを入れて、「彼がケガなく野球ができますように」「彼が試合で活躍できますように」。そういって手を合わせる。

嫌いで別れたんじゃない。彼氏と彼女ではなくなったけど、きっと気持ちは通じてるはず。雨が降っても、疲れていても、必ず神社に行って手を合わせるのが日課となりました。私にできることといったら、それぐらいしかないから。

連絡を取らなくなって数カ月たち、夏の大会がはじまりました。やっぱり気になってしまうのですが、球場には行かず、ネットで結果をチェックするぐらい。

初戦勝って、次も勝って、また勝って。苦しい試合もありながら、全部勝って、彼の高校はまた甲子園出場を決めました。彼の喜んでいる顔が頭に浮かびました。よかったね、ほんと、よかった。直接はいえないけど、心のなかでそう何度もつぶやいていました。気がついたら、また涙がいっぱい流れてきてました。

彼の二度目の甲子園、つき合っていたら応援に甲子園まで行こうと思っていたけれど、もうとっくに別れているから甲子園には行かず。テレビ中継もなんとなく見ることができず。でも、敗れてこっちに帰ってきたということは地元テレビのニュースで見ました。すべてが終わり、スッキリした表情の彼がいました。

と同時に、電話の音。目を疑ったけど、彼からでした。

内容は、今までのお礼でした。私が毎日神社にお参りに行っていること、バスケ部の友だちが何度か見かけたようで、それを彼に伝えていたようで。「ありがとね、ほんとに」。笑いながら「オレのために祈ってくれてたかは知らないけどさ、おかげでここまでやれたよ！」と。また涙が出てきちゃいました。

「もう一回つき合おう」という言葉が聞けるかなと期待もしたけど、それはありませんでした。残りの夏休みは実家に帰って過ごすこと、これから希望する大学野球部の練習会に参加するからまた練習をするということ、そんな話はしていたけれど、「もう一回」はなかった。

でも、「もう一回」といってほしくて。聞くなら今しかない。勇気を出して聞いてみました。「もう一回私と、ってことはある?」。

そしたら、少し間があって、言葉を選ぶかのようにこういいました。

「オレは向こうに戻るからさ。東京の大学に行って、そこでまた野球をがんばりたいんだ。遠距離になるとまた野球に集中できなくなっちゃうから。いつか迎えに来るとかもいえない。ほんとにごめん」

わかってはいたけれど、わずかに期待してた私。でも、もう彼との楽しかった日々は戻ってこないんだ、そう思ったら、苦しくて苦しくて涙がうわーっとあふれました。
でも、それを気づかれないように、「うん、わかった。応援してるね！　がんばって！」と電話を切りました。

あれからだいぶ時間がたちましたが、彼とつき合えたこと、ほんとによかったと思っています。田舎で生まれ育った私の、たぶん、平凡だった高校生活に、大きな刺激とトキメキをくれたから。夢に向かってがんばること、あきらめないこと、いろんなことを教えてもらいました。

今、私は一人になってしまったけれど、もう泣きません。
進む道は違うけれど、今、東京の空の下でがんばる彼に負けないぐらい素敵な人生にできるよう、私もがんばっていこうと思います。

ぼくにも高校生のころに好きな女の子がいた。

ぼくの場合はモテなかったので、つき合うまでには至らなかったのだが、五〇歳になった今になって当時を振り返ると、あのころのように純粋に人を好きになることというのは、それ以降まったくない。当時の感情は、いわゆる初恋ではなかったが、それでも「恋」と呼ぶほかはない、無垢《むく》なものだった。

人にもよるだろうが、こういう純粋な思いというのは、やっぱり大人になるとなかなか持てるものではない。それは、若い時分の、ほんの一時期にしか持てないものなのだ。

だから、たとえうまくいかなかったとしても、後になって振り返ったとき、「恋をしてよかった」と思うようになる。

ぼくも今になって、当時はうまくいかずに苦しい思いを抱えてもいたが、恋をしてよかったと思っている。

おわりに

夏の甲子園は、今年（二〇一八年）で記念すべき第一〇〇回大会を迎える。「はじめに」でも述べたが、今は変化の激しい時代だ。そんな時代に、一〇〇も回を重ねるのは本当にすごいと思って、つい最近、その歴史をあらためてひもといてみた。するると、面白いことがわかった。それは、高校野球というのはけっしてひとつの価値観だけに貫かれていたわけではなく、時代に応じて柔軟に変化してきた――ということだ。

たとえば、昔はベンチ入りの選手が一四人に限られていた。しかし、時代の変化に応じて人数を増やし、今では一八人にまでなった。

延長戦も、最初は無制限だったのが、一八回になり、やがて一五回になった。これは、今後も変わるかもしれない。

あるいは、「はじめに」でも述べた女子マネージャーがグラウンドに入れないというルール。最初、女性はベンチにさえ入れなかった。しかし、時代の変化に対応して、ルールが変更された。やがて女子マネージャーがベンチに入れるようになり、今度は練習時のグラウンドにも入れるようになった。

そういうふうに、高校野球はそのときどきでルールを柔軟に変更してきた。一〇〇年の歴史は、実はその柔軟な変化の上に築かれてきた。時代に応じてルールを変更するというのは、高校野球のひとつの伝統でもあったのだ。

それが、一〇〇年続いてきたことの一番の理由だ。けっして「伝統だから」という理由だけで続いてきたわけではないのである。

そう考えると、高校野球はこれからも変わっていくだろう。そしてそれを変えていくのは、まぎれもなく子どもたちなのだ。

この本を読めば、それがよくわかる。この本には、今まさに高校野球を変えようとしている子どもたちが何人も出てくる。

その意味で、この本には高校野球の未来が描かれている。それとともに、日本の未来というものも描かれている。

高校野球を、そして日本を良い方向に変えていける若い力は、着実に育っている。

この本に登場してくる人たちを知って、それがわかった。ぼくは、そのことにとても勇気づけられ、またうれしさを味わった。そんなぼくが彼らに伝えたいのは、次の一言に集約される。

「ありがとう」

ぼくは、彼らから元気をもらった。

岩崎夏海

文　小笠原亨、貴島大季、萩原涼夏
取材・文　瀬川ふみ子、高橋昌江、高木遊
カバー・本文デザイン　井上新八
カバーイラスト　シタラマサコ
本文イラスト　ヒラノトシユキ
編集協力　大西華子
校正　矢島規男
DTP　三協美術
編集担当　江波戸裕子（廣済堂出版）

Special Thanks
上林昌義、岸田颯人、球児の母、小宮山佑茉、須藤雅世、千葉嘉乃、菜花友紀、西山康徳、日本ウェルネス高校、Peko、松下圭太、宮崎南高校野球部、野球太郎編集部、李柏億（五十音順）ホームラン編集部

〔監修者〕
プロフィール
岩崎 夏海（いわさき・なつみ）
1968年生まれ。東京都日野市出身。東京藝術大学建築科卒。 大学卒業後、作詞家の秋元康氏に師事。放送作家として『とんねるずのみなさんのおかげです』『ダウンタウンのごっつええ感じ』等、テレビ番組の制作に参加。その後、アイドルグループAKB48のプロデュースにも携わる。2009年、『もし高校野球の女子マネージャーがドラッカーの「マネジメント」を読んだら』を著す。2015年、『もし高校野球の女子マネージャーがドラッカーの「イノベーションと企業家精神」を読んだら』他、著作多数。現在は、有料メルマガ「ハックルベリーに会いに行く」（http://ch.nicovideo.jp/channel/huckleberry）にてコラムを連載中。

ぼくは泣かない
甲子園だけが高校野球ではない

2018年6月17日　第1版第1刷

監修者　岩崎夏海

発行者　後藤高志
発行所　株式会社廣済堂出版

〒101-0052 東京都千代田区神田小川町 2-3-13 M&C ビル 7F
電話 03-6703-0964（編集）
　　 03-6703-0962（販売）
FAX 03-6703-0963（販売）
振替 00180-0-164137
URL http://www.kosaido-pub.co.jp

印刷所
製本所　株式会社廣済堂

ISBN978-4-331-52162-5 C0095